Planet Cake

Happy Cakes

680 kreative Ideen für
witzige **Motivtorten**

Paris Cutler

in Zusammenarbeit mit Anna Maria Roche

INHALT

EINFÜHRUNG

Beim Dekorieren von Torten geht es nicht darum, ein Experte oder gar ein Sterne-Konditor zu sein. Vielmehr ist fantasievolles Vorgehen gefragt, wenn jene erstaunlichen und obendrein essbaren Zuckerwerke für Freunde und Familie erschaffen werden sollen. Benötigt werden lediglich einige der in diesem Buch umrissenen Fertigkeiten, einige einfache Arbeitsmaterialien und Fondant. Alle dargestellten Tortendekorationen wurden für Kinder ab acht Jahren entwickelt, und es werden keine komplizierten Gerätschaften benötigt. Die beschriebenen Figuren sind der Welt der Comics entnommen und als Beispiele gedacht. Der eigenen Kreativität sind hier keine Grenzen gesetzt.

Die Grundkuchen sind so konzipiert, dass sie von Erwachsenen oder Jugendlichen leicht hergestellt werden können. Meine achtjährige Tochter Estelle bastelt mit großer Freude Figuren aus Fondant und bittet mich seit langem, dieses Buch zu schreiben.

Estelles Figuren übertreffen oft diejenigen der Erwachsenen. Das ist keinem besonderen Talent geschuldet, sondern liegt daran, dass nach dem Erlernen einiger simpler Techniken vor allem Fantasie gefragt ist. Wie die meisten unter uns habe auch ich von klein auf Gefallen daran gefunden, Torten und Süßigkeiten herzustellen. Darüber hinaus bekam mein Ego stets einen gewaltigen Kick, wenn ich für meine Köstlichkeiten das Erstaunen und die Bewunderung der Erwachsenen einheimsen konnte.

Dieses Buch führt Kinder in die wundervolle Kunst der Tortendekoration ein, die so viel echte Freude, Zuversicht und unbegrenzte Möglichkeiten bereithält. Ich möchte Erwachsene und Kinder ermutigen, beim Erlernen und gemeinsamen ausprobieren neuer Fähigkeiten Freude zu empfinden und auf diese kreative Weise einige Zeit miteinander zu verbringen.

Alle anderen können aus diesem Buch lernen, einfache und doch wirkungsvolle Figuren und fantastische Tortenvariationen aus Fondant herzustellen. Das Buch geht grundsätzlich davon aus, dass die Kinder die Dekorationen herstellen, während die Erwachsenen sich um den Grundkuchen kümmern. Kinder sind kreativ aus Leidenschaft, weshalb sich mir zunächst folgende grundlegende Frage stellte: Welche Art Dekorationen möchten Kinder überhaupt entwerfen und herstellen?

Ich entschied mich zu einem Experiment in einem Schulcamp mit großen Gruppen 8 bis 12-Jähriger. In dem Bemühen, den Kindern keinerlei Ideen vorzugeben, brachten wir unsere gesamte Farbpalette von Pastellfarben bis hin zu leuchtenden Primärfarben mit und forderten die Kinder auf, ihrer Fantasie freien Lauf zu lassen. Interessant war die Beobachtung, dass nicht eine einzige Pastellfarbe zur Anwendung kam: die beliebtesten Farben bei Jungen wie Mädchen waren leuchtendes Grün, Rosa, Orange, Rot und Schwarz!

Die Kinder stellten die wunderbarsten Tortendekorationen her. Die häufigsten Motive waren Familie, Haustiere, Fast Food und verrückte Kreaturen, welche dann als Vorlage für die Motive in diesem Buch dienten.

Ich bat die Kinder, die vier Kuchengrundformen, die in diesem Buch vorgestellt werden, zu dekorieren – und erlebte wiederum eine Überraschung, als sie statt der Oberseite eher die Seiten des Kuchens schmückten.

Auch Anna Maria zeigte sich höchst erstaunt. Hätten wir lieber gleich die Kinder gefragt!

LIEBE TORTENKÜNSTLER!

Meine achtjährige Tochter Estelle betätigt sich mit großer Freude als Tortenkünstlerin in unserer Konditorei. Auch ihre Freunde und Freundinnen sind oft zu Gast, was mich ermutigt hat, dieses Buch zu schreiben, damit auch du ein tüchtiger Tortenkünstler werden kannst. Es handelt sich dabei um einen der schönsten Berufe, die man sich vorstellen kann. Du kannst deine Superideen umsetzen, um ganz eigene Dekorationen zu basteln. Und du kannst mit anderen Leuten, die ebenfalls gute Ideen haben, zusammenarbeiten – anderen Kindern, Erwachsenen oder sogar deinen Eltern.

Klingt soweit doch nach Spaß, nicht wahr? Dabei habe ich dir das Beste noch gar nicht erzählt! Wenn du deine großartigen, essbaren Kunstwerke fertig gestellt und auf einer schönen Torte angeordnet hast, ist die Zeit gekommen, einen geliebten Menschen mit dieser Torte zu beschenken. Es ist wirklich ein ganz besonderes Gefühl, jemandem eine selbst gemachte Torte zu überreichen. Eigentlich hätte ich dieses Buch allein für Kinder schreiben können, aber ich habe auch die Erwachsenen miteinbezogen, weil es immer Spaß macht, gemeinsam an einer Torte zu arbeiten. Erwachsene benötigen die Unterstützung der Kinder, weil sie mehr Fantasie haben – weshalb auch du dich um die Dekorationen kümmern solltest. Andererseits kann die Herstellung einer Torte auch ziemlich kompliziert sein, und Erwachsene haben auf diesem Gebiet oft mehr Erfahrung. Vielleicht bist du aber auch besonders talentiert, und möchtest sowohl die Dekoration als auch die Torte selbst herstellen. Auch das wäre prima, aber die hier vorgestellten Ideen sind wirklich so ausgelegt, dass sie gemeinsam umgesetzt werden sollten. Schließlich dienen Torten nur dem einen Zweck, die Menschen glücklich zu machen!

WIE ARBEITE ICH MIT DIESEM BUCH?

WIE ARBEITE ICH MIT DIESEM BUCH

Bevor wir zum lustigen Teil kommen – Herstellung und Dekoration eines Kuchens mit handgemachten Figuren – sollten wir zunächst einen Blick auf die in Kapitel 6 dargestellten Dekorationsgrundlagen werfen, was bei unerfahrenen Bäckern wichtig ist. Vor allem sind die Tipps und Tricks von großem Wert (s. S. 164), da sie wichtige Informationen hinsichtlich der Planung und Vorbereitung für das gute Gelingen verraten. Das Kapitel über Arbeitsmaterialien (s. S. 168) veranschaulicht in Bildern die benötigten Küchengerätschaften; das Glossar (s. S. 170) erklärt einige Begriffe und Gegenstände, die Einsteigern vielleicht noch nicht vertraut sind.

Darüber hinaus finden sich Rezepte zur Herstellung von Fondant (s. S. 174), der die Kuchen und Torten in Kapitel 3 (s. S. 24) in wahre Kunstwerke verwandelt. Auch wir bei Planet Cake verwenden diese Rezepte – so wissen wir aus Erfahrung, dass sie zum Erfolg führen. Diese Kuchen und Torten sind fest genug, um den Dekorationen als solide Unterlage zu dienen, und sie lassen sich gut aufbewahren.

Nun wird es Zeit, der Fantasie freien Lauf zu lassen. Blätter einmal durch dieses Kapitel, um die verschiedensten Möglichkeiten kennen zu lernen, die unterschiedlichsten Tortenmodelle mit einer Vielzahl an Figuren zu dekorieren.

Es steht dir frei, eine Torte deiner Wahl mit eigenen Figuren zu verzieren, um dein „Werk" perfekt auf eine bestimmte Person oder ein bestimmtes Ereignis abzustimmen.

Sobald das Kreativteam die bevorzugten Kombinationen ausgewählt hat, kann es losgehen. Zunächst sollten einige Techniken zur Verarbeitung des Fondants angeschaut werden (s. S. 178), um einige im Kapitel „Tortendekorationen" (ab S. 90) der vorgestellten Figuren auch „nachbauen" zu können. Diese Figuren benötigen einige Zeit zum Trocknen, weshalb es sich empfiehlt, sie vor der eigentlichen Dekorationszeit zu fertigen.

Im nächsten Schritt wird die gewählte Torte gemäß den in Kapitel 3 (ab S. 28) vorgestellten Modellen ausgeschnitten und geformt bevor unter Verwendung der in Kapitel 4 beschriebenen Tortenmotive das Kunstwerk schließich zusammengesetzt wird.

Keine Sorge, die Sache ist längst nicht so kompliziert, wie sie vielleicht klingt – sobald sich etwas Übung eingestellt hat und die fertige Torte in all ihrer Pracht zu bewundern ist, werden alle Beteiligten die ganze Mühe als äußerst lohnenswert erachten.

Für den Notfall befindet sich ein kurzes Kapitel zur Problemlösung am Ende des Buchs (s. S. 184). Also, auf geht's, viel Spaß!

KOMBINIEREN NACH BELIEBEN ...
DIE EIGENE TORTE

Es ist wichtig, zuerst die gewünschten Figuren zu wählen und dann das dazu passende Torten-modell auszusuchen, da die Torte die „Bühne" für die Figuren sein wird.

Die Figuren in diesem Buch bilden jeweils eine zusammengehörige „Familie", können aber ohne weiteres untereinander vermischt werden – es ist sogar aufregend, ein Monster mit einem Hund oder einen Drachen zusammen mit einem Superhelden in Szene zu setzen. Das schönste an den Tortenfiguren ist die absolute Kombinationsfreiheit. Sobald man etwas Erfahrung im Umgang mit rohen Spaghetti und dem Fondant gewonnen hat, eröffnen sich schier endlose Dekorations-möglichkeiten, sodass der Kreativität und Improvisationskunst keine Grenzen gesetzt sind.

STRAND

Hip-Hop-Kraken
Kleine Greifer
Superhelden-Familie

Pinguine auf
Snowboard
Sporthunde

ZAUBERBUCH

Superhelden-Familie
Drachenbaby
Coole Ratte
Zombieteile

COMIC-TORTE

ZUCKERWATTE-WOLKEN

Kuschelbären
Piggy und Pepper
Sporthunde
Engelchen
Mr Donut & Friends
Pinguine auf Snowboard
Drachenbaby

VIDEOSPIEL

Freche Monster
Trampelkerle
Pinguine auf Snowboard

KAMPF-
SPORTRING

Ninja-Rabbits
Hip-Hop-Kraken
Sporthunde
Trampelkerle
Superhelden-Familie

MANN IM MOND

Piggy und Pepper
Superhelden-Familie
Ninja-Rabbits

FRIEDHOF

Zombieteile
Trampelkerle
Freche Monster

TORTEN- UND KUCHENREZEPTE

Vanillekuchen

Zubereitungszeit: 15 Minuten
Backzeit: 50 Minuten + Zeit zum Abkühlen
Ergibt einen runden Kuchen von 22 cm Durchmesser oder einen quadratischen Kuchen von 20 cm Seitenlänge

250 g Mehl, mit 8 g Backpulver gemischt
75 g Mehl
220 g Zucker
185 g weiche Butter
4 zimmerwarme Eier
125 ml Milch
1 Teelöffel Vanilleextrakt

1. Backofen auf 180 °C vorheizen. Backform einfetten und den Boden und die Seiten mit Backpapier auskleiden.
2. Die Mehle in eine große Schüssel sieben. Zucker, Butter, Eier, Milch und Vanilleextrakt hinzufügen. Mit dem elektrischen Rührgerät auf niedriger Stufe rühren, bis sich die Zutaten zusammenfügen. Auf mittlerer Stufe weitere 2–3 Minuten bzw. bis eine blasse Masse entstanden ist, rühren.
3. Mischung in die Kuchenform löffeln, dann die Oberfläche mit der Rückseite eines Löffels glätten. 45–50 Minuten lang bzw. bis ein in die Mitte gesteckter Spieß sauber herauskommt, auf der mittleren Schiene backen.
4. Den Kuchen 5 Minuten lang in der Form lassen, dann auf ein Kuchengitter stürzen und vollständig abkühlen lassen.

AUFBEWAHRUNG

In einem luftdichten Behälter hält sich der Kuchen bis zu 3 Tage lang. Ohne Dekoration kann er bis zu 2 Monate lang eingefroren werden. Hierfür den Kuchen fest mit Plastikfolie umwickeln, dann in einen Gefrierbeutel geben und fest verschließen.

VARIANTE

Für einen Marmorkuchen den Teig auf 3 Schüsseln verteilen. Den Inhalt einer Schüssel mit einigen Tropfen rosa Lebensmittelfarbe färben, den Inhalt einer weiteren Schüssel mit 2 Esslöffeln ungesüßtem Kakaopuder verrühren. Der Inhalt der dritten Schüssel bleibt ungefärbt. Einige Löffel jeder Mischung in die vorbereitete Kuchenform geben und mit Hilfe eines Spießes verquirlen. Gemäß obiger Anleitung backen.

Saftiger Schokoladenkuchen

Zubereitungszeit: 20 Minuten
Backzeit: 1 Stunde 55 Minuten + Abkühlzeit
Ergibt einen runden Kuchen von 22 cm Durchmesser oder einen quadratischen Kuchen von 20 cm Seitenlänge

225 g Butter
225 g dunkle Schokolade, gehackt
480 g Zucker
15 g lösliches Kaffeepulver
3 Eier, leicht geschlagen
150 g Mehl, mit 5 g Backpulver gemischt
150 g Mehl, gesiebt
40 g ungesüßtes Kakaopulver

1. Den Backofen auf 160 °C vorheizen. Backform einfetten und den Boden und die Seiten mit Backpapier auskleiden.
2. Butter, Schokolade, Zucker und Kaffee zusammen in einen großen Topf mit 250 ml heißem Wasser geben. Bei schwacher Hitze glatt rühren. In eine große Schüssel geben und 15 Minuten abkühlen lassen.
3. Die Eier mit dem Schneebesen in die Schokolademischung rühren, danach die gesiebten Mehle und das Kakaopulver hinzufügen und glatt rühren.
4. Die Mischung in die Backform geben und 1 Stunde und 45 Minuten lang backen. Zur Überprüfung der Konsistenz einen Spieß in die Mitte stechen – er darf leicht angefeuchtet sein. Wenn die Oberfläche roh aussieht, weitere 5–10 Minuten backen, dann aus dem Backofen nehmen.
5. Den Kuchen weitere 5 Minuten in der Form lassen, dann auf ein Kuchengitter stürzen und vollständig abkühlen lassen.

AUFBEWAHRUNG

In einem luftdichten Behälter kann dieser Kuchen bis zu 3 Wochen lang im Kühlschrank, bzw. 1 Woche lang an einem kühlen, trockenen Ort aufbewahrt werden. Ohne Dekorationen kann er bis zu 2 Monate lang eingefroren werden. Hierfür den Kuchen fest mit Plastikfolie umwickeln, dann in einen Gefrierbeutel geben und fest verschließen.

Roter Samtkuchen

Zubereitungszeit: 20 Minuten
Backzeit: 50 Minuten + Abkühlzeit
Ergibt einen runden Kuchen von 22 cm Durchmesser oder einen quadratischen Kuchen mit 20 cm Seitenlänge

185 g weiche Butter
275 g Zucker
3 Eier
300 g Mehl, mit 10 g Backpulver gemischt
55 g ungesüßtes Kakaopulver
1 gestrichener Teelöffel Natron
250 ml Buttermilch
2 Teelöffel weißer Essig
2 Teelöffel flüssige rote Lebensmittelfarbe

1. Den Backofen auf 180 °C vorheizen. Backform einfetten und den Boden und die Seiten mit Backpapier auskleiden.
2. Butter und Zucker in einer kleinen Schüssel mit dem Rührgerät zu einer leichten, luftigen Creme verrühren. Die Eier eines nach dem anderen hinzufügen, nach jeder Zugabe gründlich schlagen. In eine große Schüssel geben.
3. Mehl, Kakaopulver und Natron in eine Schüssel sieben. Buttermilch, Essig und Lebensmittelfarbe miteinander vermengen. Mit Hilfe eines großen Metalllöffels die Mehlmischung in die Buttermischung heben und schließlich zur Buttermilchmischung geben. Rühren, bis sich gerade eben eine fast glatte Masse ergibt.
4. Die Mischung mit dem Löffel in die Backform geben und mit der Rückseite des Löffels die Oberfläche glatt streichen. 45–50 Minuten lang bzw. bis ein in die Mitte gesteckter Spieß sauber herauskommt, backen.

5. Den Kuchen weitere 10 Minuten in der Form lassen, dann auf ein Kuchengitter stürzen und vollständig abkühlen lassen.

AUFBEWAHRUNG

In einem luftdichten Behälter hält sich dieser Kuchen bis zu 3 Tage lang. Ohne Dekoration kann er bis zu 2 Monate lang eingefroren werden. Hierfür den Kuchen fest mit Plastikfolie umwickeln, dann in einen Gefrierbeutel geben und fest verschließen.

Laktosefreier Bananenkuchen

Da dieser Kuchen sehr schwer ist, kann er während des Backens in der Mitte leicht einsinken. Diese kleine Mulde kann beim Verteilen der Ganache mit eben dieser oder Buttercreme ausgefüllt werden.

Zubereitungszeit: 20 Minuten
Backzeit: 1 Stunde + Abkühlzeit
Ergibt einen runden Kuchen von 22 cm Durchmesser oder einen quadratischen Kuchen mit 20 cm Seitenlänge

185 g Margarine
220 g brauner Zucker
1 Teelöffel Vanilleextrakt
360 g Bananenmus (ca. 3 große Bananen)
45 g Kokosraspeln
300 g Mehl, mit 10 g Backpulver gemischt
1 gestrichener Teelöffel Natron
1 Teelöffel gemischte Gewürze
1 Teelöffel gemahlener Zimt

1. Den Backofen auf 180 °C vorheizen. Backform einfetten und den Boden und die Seiten mit Backpapier auskleiden.
2. Margarine, Zucker und Vanille mit dem elektrischen Rührgerät in einer kleinen Schüssel 3–4 Minuten lang oder bis die Masse leicht und luftig ist, cremig rühren. In eine große Schüssel geben.
3. Mit einem großen Metalllöffel zuerst das Bananenmus und die Kokosraspeln, dann das gesiebte Mehl, das Natron und die Gewürze hinzufügen. Rühren, bis sich gerade eben eine fast glatte Masse ergibt.
4. Die Mischung mit dem Löffel in die Backform geben und mit der Rückseite des Löffels die Oberfläche glatt streichen. 1 Stunde lang bzw. bis ein in die Mitte gesteckter Spieß sauber herauskommt, backen.
5. Den Kuchen weitere 10 Minuten in der Form lassen, dann auf ein Kuchengitter stürzen und vollständig abkühlen lassen.

VARIANTE

Für einen herkömmlichen Bananenkuchen Margarine durch Butter ersetzen und 3 Eier in die Mischung aus cremiger Butter und Zucker schlagen. Die Kokosraspeln weglassen und den Mehlanteil um 35 g erhöhen. Gemäß obiger Anleitung backen.

AUFBEWAHRUNG

In einem luftdichten Behälter hält sich der Kuchen bis zu 4 Tage lang. Ohne Dekoration kann er bis zu 2 Monate lang eingefroren werden. Hierfür den Kuchen fest mit Plastikfolie umwickeln, dann in einen Gefrierbeutel geben und fest verschließen.

Glutenfreier Butterkuchen

Da dieser Kuchen kein Gluten enthält, kann er während des Backvorgangs in der Mitte leicht einsinken. Diese leichte Mulde kann während des Bestreichens mit Ganache oder Buttercreme ausgefüllt werden.

Vorbereitungszeit: 15 Minuten
Backzeit: 50 Minuten + Abkühlzeit
Ergibt einen runden Kuchen von 22 cm Durchmesser oder einen quadratischen Kuchen mit 20 cm Seitenlänge

250 g glutenfreies Mehl,
   mit 8 g Backpulver gemischt
220 g Zucker
185 g weiche Butter
80 ml Milch
4 zimmerwarme Eier
1 Teelöffel Vanilleextrakt

1. Den Backofen auf 180 °C vorheizen. Backform einfetten und den Boden und die Seiten mit Backpapier auskleiden.

2. Mehl und 55 g des Zuckers in eine Schüssel sieben. Butter mit dem elektrischen Rührgerät in einer kleinen Schüssel 4–5 Minuten lang oder bis eine blasse Creme entsteht, schlagen. Nach und nach das Mehl, die Zuckermischung und die Milch unterrühren, bis sich die Zutaten gerade eben zusammenfügen. Mischung in eine große Schüssel geben.

3. Mit Hilfe des Rührgeräts die Eier, die Vanille und den restlichen Zucker 5–6 Minuten lang oder bis eine sehr dicke, blasse Masse des dreifachen Volumens entstanden ist, aufschlagen. Mit einem Spatel oder einem Metalllöffel die Hälfte der Eimischung in die Mehlmischung geben. Nun die restliche Eimischung unterheben, bis sich die Zutaten gerade eben zusammengefügt haben.

4. Die Mischung mit dem Löffel in die Backform geben und mit der Rückseite des Löffels die Oberfläche glatt streichen. 40–50 Minuten lang oder bis ein in die Mitte gesteckter Spieß sauber herauskommt, auf der mittleren Schiene backen

5. Den Kuchen weitere 10 Minuten lang in der Form lassen, dann auf ein Kuchengitter stürzen und vollständig abkühlen lassen.

AUFBEWAHRUNG

In einem luftdichten Behälter hält sich dieser Kuchen bis zu 3 Tage lang. Ohne Dekoration kann er bis zu 2 Monate lang eingefroren werden. Hierfür den Kuchen fest mit Plastikfolie umwickeln, dann in einen Gefrierbeutel geben und fest verschließen.

TECHNIKEN

Ganache auftragen

Ganache (auch: Pariser Creme), d.h. ge-
schmolzene Schokolade mit Sahne, hält die
Torte feucht und verleiht ihr einen guten
Geschmack. Darüber hinaus ergibt sie eine
hervorragende Oberfläche für den Fondant.
Bei Planet Cake verwenden wir Ganache als
eine Art „Kitt", mit dem sich alle Risse und
Löcher im Kuchen füllen lassen, um auf diese
Weise eine ebenmäßige Oberfläche zu
erhalten.

Sobald die Ganache ausgehärtet und makel-
los glatt ist, kann der Fondant glatt aufgetragen werden. Dieses Verfahren ist wesentlich
angenehmer als das Aufbringen jener dicken,
ungenießbaren Glasur, die manche Dekorateure verwenden, um Unebenheiten im Kuchen zu verbergen.

Ganache gemäß den Anleitungen (s. S. 174)
herstellen und über Nacht ruhen lassen. Ist
die Ganache zum Zeitpunkt der Weiterver-
wendung zu hart, kann sie in der Mikrowelle
in kurzen Intervallen auf mittlerer Stufe er-
hitzt werden, bis die Konsistenz glatter Erd-
nussbutter erreicht ist. Sofern keine Mikrowelle vorhanden ist, die Ganache in einen
Topf geben und bei schwacher Hitze umrühren; darauf achten, dass die Masse nicht
anbrennt.

Alternativ kann eine Schicht Buttercreme
(s. S. 176–177) unter die Fondantschicht gebracht werden, die jedoch nicht die Festigkeit
und das perfekte Aussehen der Ganache erreichen kann.

Runde Kuchen mit Ganache überziehen

1. Den Kuchen horizontal in drei Schichten schneiden

Die Wölbung von der Oberseite des Kuchens
abschneiden, sodass eine flache Oberfläche
entsteht. Den Kuchen auf einen Drehteller
stellen und eine Hand auf die Oberseite legen
(die Hand niemals an die Seiten des Kuchens
legen, da das Messer abrutschen könnte).
In die andere Hand ein gezacktes Messer nehmen und horizontal halten.

Die Schnittlinien am Kuchen markieren;
jede Schicht sollte ca. 2,5 cm dick sein (1). Den
Kuchen drehen und dabei mit dem Messer
mit einer Sägebewegung durchschneiden. Darauf achten, dass das Messer nicht kippt. Den
Vorgang wiederholen, um die zweite Lage
zuzuschneiden.

Tipp: Wenn der Kuchen an der Oberfläche
Risse hat oder uneben ist, die Mittellage gegen
die obere Lage austauschen, sodass die Makel
in der Mitte der Torte versteckt sind.

2. Mit Sirup bestreichen

Für den nächsten Schritt wird Sirup benötigt
(s. S. 176). Die drei Lagen der Torte auf eine Arbeitsoberfläche legen und großzügig mit Sirup
bestreichen (2).

3. Mit Ganache füllen

Mit dem Palettenmesser etwas Ganache auf
einer Kuchenplatte in der Größe der Torte
verteilen – z. B. findet eine Torte von 20 cm
Durchmesser Platz auf einer Platte mit 20 cm

Durchmesser. Diese Platte bezeichnen wir als Arbeitsbrett. Auf letzteres den untersten Boden der Torte legen. Auf diesem Boden eine ca. 1 cm dicke Ganache-Schicht verteilen, darauf den Mittelboden legen und auch darauf eine Ganache-Schicht verteilen (3). Hierauf den oberen Boden legen aber noch keine Ganache aufbringen.

Tipp: Beim Aufbringen der Ganache leistet das Arbeitsbrett gute Dienste: Zum einen kann man ruhig kleckern, zum anderen dient es als Anhaltspunkt zum Abmessen der erforderlichen Füllmenge. Während des Backens schrumpft der Kuchen. Der fehlende Umfang wird auf dem Arbeitsbrett ersichtlich. So kann man erkennen, wie viel Ganache zum Auffüllen des Umfangs erforderlich sein wird.

4. Umhüllen der Seiten

Das Arbeitsbrett auf die Tortenplatte setzen und das Ganze zurück auf den Drehteller stellen. Mit Hilfe eines Palettenmessers die Ganache bis zum Rand des Arbeitsbretts um die Torte herum verteilen. Auch an dieser Stelle soll noch keine Ganache auf der Oberfläche verteilt werden.

5. Überstehende Ganache abkratzen

Eine Hand auf die Oberfläche der Torte legen und langsam mit einem Schaber um die Seite der Torte herumfahren. Dabei darauf achten, dass der Schaber immer genau am Rand des Arbeitsbretts entlang fährt. Den Drehteller solange drehen, bis die Torte einen perfekt vertikalen Rand hat und alle Zwischenräume ausgefüllt sind (4).

Tipp: Es ist das Ziel, die Seite der Torte soweit mit Ganache auszufüllen, bis sie mit dem Rand des Arbeitsbretts abschließt. Dieser Vorgang kann einige Zeit und mehr Ganache als vorgesehen in Anspruch nehmen. Es soll ein

perfekter rechter Winkel entstehen, denn Beulen in der Ganache treten auf der Torte als Klumpen in Erscheinung. Wenn andererseits nicht genügend Ganache vorhanden und die Seite nicht flach ist, entstehen nachher Wülste.

6. Die Oberfläche mit Ganache bestreichen

Mit einem kleinen Palettenmesser überschüssige Ganache über die Kante der Torte auf die Oberfläche streichen, dann die Oberfläche glätten (5). Falls erforderlich, noch mehr Ganache aufbringen.

Ruhen lassen (am besten über Nacht), oder – höchstens 10 Minuten lang – einfrieren.

7. Glätten der Oberfläche mit einem heißen Messer

Um nun ein perfektes Ergebnis zu erzielen, werden ein Krug mit kochendem Wasser und ein langes Palettenmesser benötigt. Zunächst das Palettenmesser einige Sekunden lang in heißes Wasser tauchen (alternativ kann der Rücken eines ungezackten Brotmessers verwendet werden). Das Messer an beiden Enden halten und über die Oberfläche der Torte gleiten lassen; dabei darauf achten, dass gleichmäßiger Druck über die gesamte Messerlänge ausgeübt wird. Unebene Flächen mit mehr Ganache ausgleichen.

Nochmals den Schaber um die Torte herumlaufen und die Torte aushärten lassen. Dann mit einem heißen Messer die Überstände von der Oberfläche entfernen (6). Die Tortenplatte säubern und die Ganache vor dem Dekorieren – vorzugsweise über Nacht – aushärten lassen.

Quadratische Torten mit Ganache überziehen

Bis zum Ende von Schritt 3 die Anweisungen für eine runde Torte befolgen.

1. Ganache aufbringen und glätten

Das Arbeitsbrett auf die Tortenplatte legen. Mit einem Palettenmesser eine dicke Ganache-Schicht auf die Seiten aufbringen (ca. 2 cm), um die Torte aufzubauen. Überstände mit einem Schaber abkratzen und mehr Ganache auftragen, bis sehr scharfe Kanten entstanden sind. Ganache glätten (1). Ganache setzen lassen, bis sie sich fest anfühlt (1–2 Stunden). Ganache auf die Oberfläche geben, glätten und ruhen lassen – vorzugsweise über Nacht.

2. Mit dem heißen Messer glätten

Auf einer Seite beginnen, die Ganache mit dem heißen Messer zu glätten. Über die Oberfläche gleiten und dabei darauf achten, dass auf die gesamte Länge des Messers gleichmäßiger Druck ausgeübt wird (2), dabei Ganache-Überstände abkratzen. Mit dem Teigschaber nochmals über die Seiten fahren und dabei scharfe Ecken entstehen lassen.

Buttercremeglasur

1. Vorbereitung der Torte

Mit einem gezackten Messer die Oberfläche der Torte so versäubern, dass eine ebenmäßige Oberfläche entsteht. Die Torte auf einen Tortenständer oder eine Tortenplatte geben. Vor Arbeitsbeginn Backpapier unter die Torte legen, damit die Tortenplatte sauber bleibt.

2. Krumenmantel

Eine dünne Schicht Buttercreme über den Kuchen streichen, um die Krumen zu binden. Ca. 30 Minuten lang kalt stellen, bevor die abschließende Buttercremeschicht aufgetragen wird.

3. Guss

Mit Hilfe eines Palettenmessers den gesamten Guss auf der Oberfläche der Torte anhäufen. Nun den Guss über die Seiten hinab verteilen – dabei kann die entstehende Schicht so rau oder glatt wie gewünscht sein. Vor dem Servieren das Backpapier vorsichtig entfernen.

4. Aufbewahrung

Sofern der Kuchen mit Vanille-Buttercreme (s. S. 177) überzogen wird, kann er zwei Tage lang bei Raumtemperatur (nicht höher als 20 °C) aufbewahrt werden.

Bei Verwendung der italienischen Buttercreme (s. S. 176) muss die Torte im Kühlschrank aufbewahrt werden, wo sie 2–3 Tage lang haltbar bleibt. Wenn kein Kuchenbehälter vorhanden ist, kann man sich mit einer umgestülpten Schüssel oder einem selbst gemachten „Folienzelt" behelfen.

Beim Bedecken einer mit Guss überzogenen Torte zunächst Zahnstocher gleichmäßig verteilt in die gesamte Oberfläche der Torte stecken. Auf diese Weise liegt die Folie auf den Zahnstochern und nicht auf dem Guss auf.

Runde Torten mit Fondant überziehen

Sicherstellen, dass die Torte mit einer glatten Ganache-Schicht überzogen ist und ausreichend Ruhezeit hatte, bevor sie mit Fondant bedeckt wird. Je perfekter die Ganache-Schicht, desto besser ist das Endresultat. Runde Torten lassen sich am einfachsten überziehen.

1. Vorbereitung von Torte und Fondant

Die Arbeitsoberfläche sauber wischen und sicherstellen, dass sie trocken ist. Die Torte ausmessen (Seite und Oberfläche). Die Torte rundherum mit etwas Sirup bestreichen (s. S. 176); auf diese Weise bleibt der Fondant besser an der Torte haften (1).

Die Torte, die sich noch auf der Tortenplatte befindet, auf eine Backmatte oder ein feuchtes Geschirrtuch stellen, damit sie während der Bearbeitung nicht verrutschen kann.

Fondant zu einem glatten, geschmeidigen Teig kneten (und evtl. färben – s. S. 178–179).

Wenn der Teig beim Kneten an der Arbeitsoberfläche haften bleibt, etwas Maisstärke auf die Arbeitsoberfläche sprenkeln.

Tipp: Fondant wird nicht wie Teig geknetet. Bei zu intensivem Kneten bleibt der Fondant am Brett hängen und wird unbrauchbar. Fondant behandelt man eher wie Modelliermasse: Masse hin- und herfalten, bis sie glatt und warm genug für die Verarbeitung ist, ohne an der Arbeitsoberfläche haften zu bleiben.

2. Fondant abflachen und ausrollen

Wenn sicher ist, dass der Fondant glatt ist, die Fondantkugel mit der Handinnenfläche auf ca. 4 cm Dicke abflachen (2). Die Arbeitsoberfläche mit etwas Maismehl bestäuben. Fondant mit einem Rollstab ausrollen, dabei von der Mitte aus ca. 6 Mal in eine Richtung rollen.

Fondant drehen und den Vorgang wiederholen. Wenn die Arbeitsoberfläche klebrig wird, noch etwas Maismehl darauf sprenkeln – jedoch niemals Maismehl auf den Fondant selbst aufbringen.

Weiter rollen und drehen, bis der Fondant ca. 3–5 mm dick ist. Das Fondantstück muss größer sein als der Gesamtumfang der Torte.

Tipp: Durch das Drehen des Fondants wird sichergestellt, dass das Fondantstück immer viereckig bleibt, was das Überziehen einer rechteckigen oder runden Torte wesentlich erleichtert.

3. Fondant auf die Torte heben

Fondant um einen Rollstab rollen und Rollstab anheben. Mit einem trockenen Backpinsel überschüssiges Maismehl entfernen – das ist besonders wichtig bei Verwendung eines dunkelfarbigen Fondants. Den Rollstab mit dem Fondant über die Torte rollen, dabei an der Unterkante beginnen (3).

4. Kanten sichern

Mit der Hand über die Oberfläche der Torte streichen, um Luftblasen auszuschließen. Mit der Handinnenfläche über die Oberkante und die Seite streichen, um die Kanten zu bilden (4).

5. Glätten des Fondants

Mit den Händen langsam einmal um die Torte herumgehen und dabei den Fondant sanft andrücken. Den Fondant sanft von der Unterseite der Torte abziehen und dann von oben nach unten glatt andrücken (5).

6. Verwendung von Fondantglättern

Sobald die Torte ganz mit Fondant überzogen ist, den Fondant mit Hilfe von Fondantglättern sanft an Seite und Boden drücken, um eine Schneidekante herzustellen (6).

7. Abschneiden des Fondants

Fondant um den Boden der Torte herum mit einem Messer oder Pizzarad abschneiden (7). **Tipp:** Schneiden Sie nicht zu dicht am Boden der Torte, da der Fondant nach dem Schneiden schrumpfen kann, sodass er nicht mehr

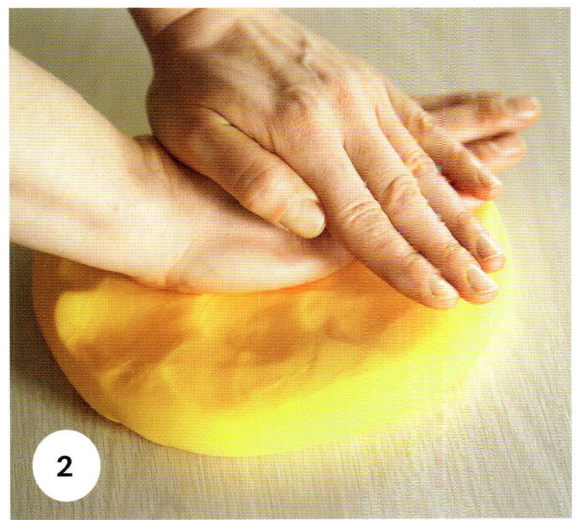

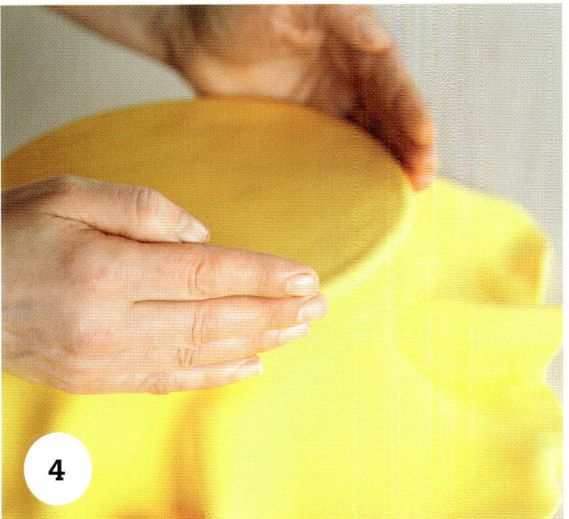

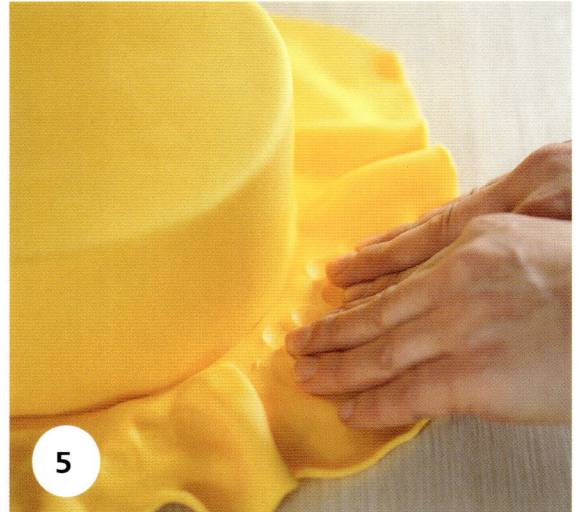

ganz nach unten reicht. Wenn das geschieht, aus einem Stück restlichen Fondants eine Wurst rollen und um die Unterseite der Torte herumlegen, um die Lücke auszugleichen.

8. Verwendung der Fondantglätter

Den Fondantglätter um die Seite der Torte herumlaufen lassen. Ich verwende hierfür zwei Fondantglätter, wobei derjenige in der linken Hand vor und zurück läuft, während die rechte Hand ihren Fondantglätter gegen die Torte presst, um eine scharfe Kante zu erhalten. Sodann einen Fondantglätter an die Seite

und den anderen auf die Oberfläche der Torte halten. Indem derselbe Druck auf beide ausgeübt wird, die Fondantglätter zusammendrücken und an der gesamten Seite der Torte entlang laufen, um eine scharfe Kante zu erhalten (8). Mit der Hand über den Kuchen streichen, um Luftblasen zu erspüren. Evtl. vorhandene Luftblasen sanft aufstechen und mit trockenen Fingern die Luft sanft herauslassen (s. S. 185). Mit dem Fondantglätter oder Teigschaber über die Torte streichen, um den Fondant zu polieren.

Überziehen eines vireckigen Kuchens mit Fondant

Bis Schritt 3 sind dieselben Anleitungen wie für einen runden Kuchen (s. S. 32) zu befolgen. Sobald sich der Fondant auf dem Kuchen befindet, die Ecken, wie unten beschrieben, bilden.

1. Ecken bilden

Von beiden Seiten kommend, beide Hände an jeder Ecke herunter gleiten lassen und dabei den Fondant an den Kuchen drücken (1).

2. Fondant andrücken

Fondant direkt an den Ecken andrücken, indem die Finger an den Kanten nach oben und unten gleiten (2).

3. Fondant abziehen und die Seiten glätten

Mit einer Hand den Fondant sanft von den Seiten wegziehen und mit der anderen Hand glätten. Mit den Händen wieder aufwärts streichen, um Nasen und Risse im Fondant zu vermeiden. Mit einem Messer oder Pizzarad einmal um die Unterkante herum schneiden.

4. Fondant glätten

Fondantglätter um den Kuchen herum gleiten lassen. Zwei Teigschaber an den Ecken auf einander zuschieben, um eine scharfe Kante zu gestalten (3).

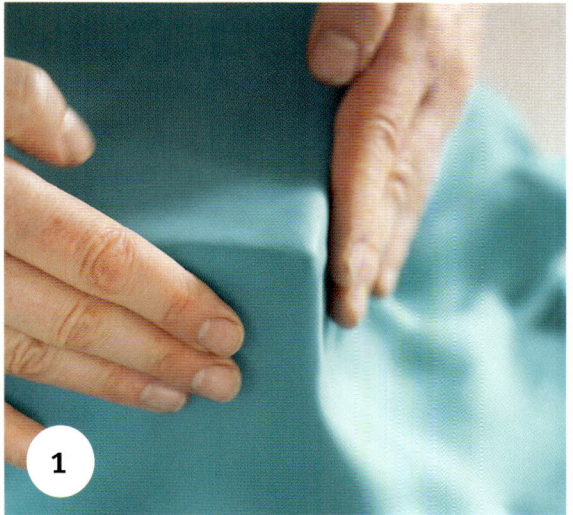

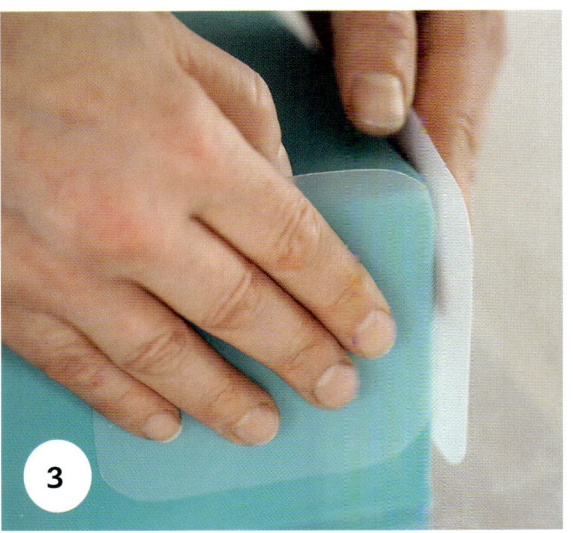

Rechteckige Kuchen mit Ganache überziehen

Herstellung eines rechteckigen Kuchens
(z. B. für eine Mauer) aus einem viereckigen
Kuchen mit 20 cm Seitenlänge.

1. Herstellung des Kuchens

Ein Arbeitsbrett mit 20 cm Seitenlänge in der
Mitte durchsägen, um ein rechteckiges Arbeitsbrett zu erhalten.

Den Kuchen gemäß den Anleitungen auf
Seite 28 horizontal in drei Lagen schneiden.
Jede Lage großzügig mit Sirup bestreichen.
Den untersten Boden mit einer ca. 1 cm dicken Ganache-Schicht bestreichen. Den mittleren Boden darauf legen und mit Ganache
bestreichen. Den obersten Boden darauf legen. Die entstandene Torte in der Mitte durchschneiden (1), um zwei rechteckige Torten von
je 10 x 20 cm zu erhalten. Eine Kuchenhälfte
auf das Arbeitsbrett setzen, die Oberfläche
mit Ganache bedecken und die andere Hälfte
darauf setzen.

2. Seiten und Oberfläche mit Ganache bedecken

Das Arbeitsbrett auf eine Präsentierplatte und
dann auf einen Drehteller setzen. Mit einem
Palettenmesser Ganache auf der Oberfläche
der Torte verteilen, um die Krumen einzuschließen. Ganache auf die Seiten auftragen.

3. Seiten und Oberfläche glätten

Einen Winkelschaber langsam über alle Sei-
ten gleiten lassen, dabei den Schaber im 90°-
Winkel an das Brett halten, während der
Drehteller sich dreht. Mit Hilfe eines kleinen
Palettenmessers überstehende Ganache von
den Seiten und über die Kante streichen.
Oberfläche glätten. Ganache einige Stunden
lang ruhen lassen.

4. Mit dem heißen Messer glätten und Überstände abschneiden

Ein großes Palettenmesser einige Sekunden
lang in heißes Wasser tauchen. Das Messer an
beiden Enden halten und über die Oberfläche
gleiten lassen; dabei darauf achten, dass
überall der gleiche Druck auf das Messer ausgeübt wird (2). Wenn die Ganache uneben ist,
mehr Ganache auftragen, um die Unebenhei-

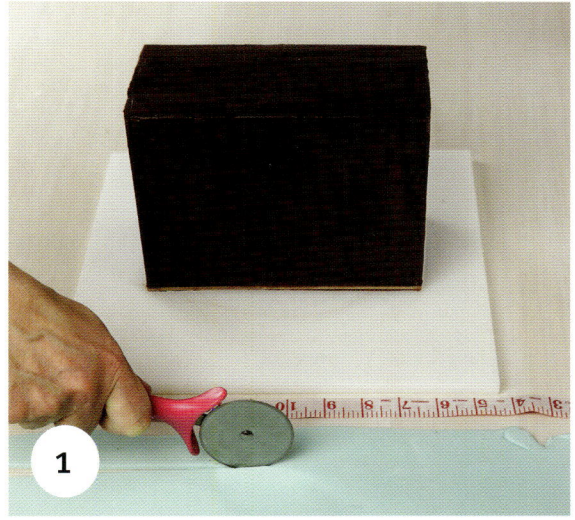

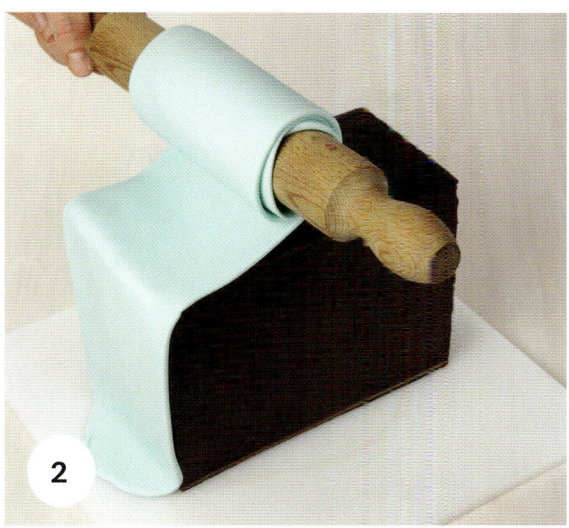

ten auszugleichen. Nochmals den Plastikschaber über alle Seiten des Kuchens gleiten lassen. Ganache ruhen lassen.

5. Überstände abschneiden

Überstände von den Kanten der Oberfläche abschneiden. Präsentierplatte säubern, dann den Kuchen (vorzugsweise über Nacht) ruhen lassen, bis die Ganache ausgehärtet ist.

Fondant auf den rechteckigen Kuchen bringen

Sicherstellen, dass die Ganache gut ausgehärtet ist, bevor Sie den Kuchen mit Fondant überziehen. Je besser die Ganache-Schicht ist, desto besser sieht der Kuchen aus.

1. Kuchen und Fondant vorbereiten

Arbeitsoberfläche sauber wischen und sicherstellen, dass sie trocken ist. Den Kuchen abmessen (Seite und Oberseite). Den Kuchen überall mit etwas Sirup bestreichen (s. S. 176); so kann der Fondant besser am Kuchen haften.

Die Präsentierplatte auf eine Backmatte oder ein feuchtes Geschirrtuch stellen, damit der Kuchen während der Bearbeitung nicht rutschen kann. Fondant zu einem glatten, geschmeidigen Teig kneten (und evtl. färben – s. S. 178–179). Wenn der Teig beim Kneten an der Arbeitsoberfläche haften bleibt, etwas Maisstärke auf die Arbeitsfläche streuen.

Tipp: Fondant wird nicht wie Teig geknetet. Bei zu intensivem Kneten bleibt der Fondant am Brett hängen und wird unbrauchbar. Fondant eher wie Modelliermasse behandeln: Masse hin- und herfalten, bis sie glatt und warm genug für die Verarbeitung ist, ohne an der Arbeitsoberfläche haften zu bleiben.

2. Fondant abflachen und ausrollen

Wenn sicher ist, dass der Fondant glatt ist, die Kugel mit der Handinnenfläche auf ca. 4 cm Dicke abflachen (2). Die Arbeitsoberfläche mit etwas Maismehl bestäuben. Fondant mit einem Nudelholz ausrollen, dabei von der Mitte aus ca. 6 Mal in eine Richtung rollen. Fondant drehen und den Vorgang wiederholen. Wenn die Arbeitsoberfläche klebrig wird, noch etwas Maismehl darauf streuen – jedoch niemals auf die Oberfläche des Fondants bringen.

Auf der Grundlage der Abmessungen des Kuchens einen Fondantstreifen ausrollen, der lang und breit genug ist, um die Oberfläche und die schmalen Seiten des Kuchens mit einer Lage zu umhüllen. Zur Länge und Breite jeweils 5 cm zugeben. Weiter rollen und drehen, bis der Fondant ca. 3–5mm dick ist, dann das benötigte Stück ausschneiden (1).

Tipp: Durch das Drehen des Fondants wird sichergestellt, dass sich eine viereckige Platte ergibt, was das Überziehen einer eckigen oder runden Torte wesentlich erleichtert.

3. Fondant auf die Torte heben

Fondant um ein Nudelholz rollen und das Nudelholz anheben. Mit einem trockenen Backpinsel überschüssiges Maismehl entfernen – das ist besonders wichtig bei Verwendung eines dunkelfarbigen Fondants. Das Nudelholz mit dem Fondant über die Torte rollen, dabei an der Unterkante einer der schmalen Seiten beginnen (2).

4. Kanten bilden

Schnell mit der Hand über die Oberfläche der Torte fahren, um Luftblasen auszuschließen. Mit der Handinnenfläche über die Oberkante und die Seite fahren, um Kanten zu bilden.

5. Fondant abschneiden

Fondant-Überstände mit einem scharfen Messer abschneiden.

Tipp: Schneiden Sie nicht zu dicht am Boden der Torte, da der Fondant nach dem Schneiden schrumpfen kann, sodass er nicht mehr ganz hinunter reicht. Wenn das geschieht, aus Fondant-Resten eine Wurst rollen und um die Unterseite der Torte herumrollen und angleichen.

6. Kanten formen

Zwei Kuchenschaber gegeneinander führen, um eine scharfe Kante zu formen.

7. Seiten überziehen

Nun die beiden Längsseiten mit Fondant überziehen. Nochmals nachmessen, um die benötigte Fondantmenge festzulegen. Fondant ausrollen und in zwei Hälften schneiden.

Die beiden Seiten mit Sirup bestreichen. Ein Stück Fondant bündig an den Boden des Kuchens legen und den Fondant von unten nach oben klappen und andrücken. Wie bei den Querseiten Fondant sichern, glätten und auf Luftblasen prüfen.

8. Verwendung der Fondantglätter

Den Fondantglätter um die Seite der Torte herumlaufen lassen. Ich verwende hierfür zwei Fondantglätter, wobei derjenige in der linken Hand vor und zurück läuft, während die rechte Hand ihren Fondantglätter gegen die Torte presst, um eine scharfe Kante zu erhalten. Sodann einen Fondantglätter an die Seite und den anderen auf die Oberfläche der Torte halten. Indem derselbe Druck auf beide ausgeübt wird, die Fondantglätter zusammendrücken und an der gesamten Seite der Torte entlang laufen, um eine scharfe Kante zu erhalten.

Mit der Hand über den Kuchen streichen, um Luftblasen zu erspüren. Evtl. vorhandene Luftblasen sanft aufstechen und mit trockenen Fingern die Luft sanft herauslassen (s. S. 185).

Mit dem Fondantglätter oder Teigschaber über die Torte streichen, um den Fondant zu polieren.

Kuppelkuchen mit Ganache überziehen

Alle Kuppelkuchen in diesem Buch werden aus einem runden Kuchen mit 22 cm Durchmesser hergestellt. Für die vorbereitenden Arbeiten benötigt man ein Arbeitsbrett sowie eine Präsentierplatte von 35 cm Durchmesser. Die Ganache sorgt dafür, dass die Torte umso köstlicher schmeckt und sich leichter in Form bringen lässt.

1. Den Kuchen horizontal in drei Schichten schneiden

Den Kuchen auf einen Drehteller stellen und eine Hand auf die Oberseite legen (die Hand niemals an die Seiten des Kuchens legen, da das Messer abrutschen könnte). In die andere Hand ein gezacktes Messer nehmen und horizontal halten.

Die Schnittlinien am Kuchen markieren; jede Schicht sollte ca. 2,5 cm dick sein (1). Den Kuchen drehen und dabei mit dem Messer mit Sägebewegungen durchschneiden. Den Vorgang wiederholen, um den zweiten Boden herzustellen.

2. Mit Sirup bestreichen

Die drei Böden auf eine Arbeitsoberfläche legen und großzügig mit Sirup bestreichen (s. S. 176).

3. Mit Ganache füllen

Mit dem Palettenmesser etwas Ganache auf dem Arbeitsbrett von ca. 25 cm Größe verteilen und den untersten Boden darauf legen. Auf diesem Boden eine ca. 1 cm dicke Ganache-Schicht verteilen, darauf den Mittelboden legen und auch darauf eine Ganache-Schicht verteilen. Hierauf den oberen Boden legen aber noch keine Ganache aufbringen.

Tipp: Das Arbeitsbrett leistet beim Aufbringen der Ganache gute Dienste, da in der Regel viel Ganache daneben läuft.

4. Herstellung der Kuppel

Das Arbeitsbrett auf eine Präsentierplatte setzen. Das Arbeitsbrett gibt den Bodenumfang vor (2). Den Kuchen von oben nach unten in Kuppelform schaben, wobei die Basis im Umfang erhalten bleibt. Die abgeschabten Stücke griffbereit halten.

Der nächste Schritt ist eine krümelige und klebrige Angelegenheit, also nicht erschrecken, wenn die Torte zunächst aus vielen Stückchen besteht. Sobald die Torte ihre letzte Schicht Ganache erhalten hat, wird sie köstlich schmecken und perfekt aussehen!

Man kann die Ganache dazu verwenden, die abgeschabten Stücke zurück an den Kuchen zu kleben (3). Es soll Kuchenmasse angehäuft werden, um die Kuppel zu formen. (Vor dem Auftragen der ersten Ganache-Schicht und der Bearbeitung mit dem heißen Messer gleicht das Produkt nicht im Entferntesten einer Kuppel). Ganache einige Stunden ruhen lassen.

5. Bearbeitung mit dem heißen Messer

Ein Palettenmesser in heißes Wasser tauchen. Ganache glätten, indem das Palettenmesser über die Spitze des Kuchens und die Seiten von oben nach unten fährt, dabei darauf achten, dass ebenmäßiger Druck auf das Messer ausgeübt wird. Mehr Ganache auftragen, um Unebenheiten auszugleichen.

Die Präsentierplatte reinigen, dann die Torte (vorzugsweise über Nacht) ruhen lassen, bis die Ganache ausgehärtet ist, bevor mit dem Dekorieren begonnen wird.

Kuppelkuchen mit Fondant überziehen

Für den Kuppelkuchen gelten alle Anleitungen für den runden oder viereckigen Kuchen. Achten Sie darauf, dass die Ganache perfekt und vollkommen ausgehärtet ist, bevor Sie mit dem Aufziehen des Fondants beginnen. Je perfekter die Ganache, desto besser das Aussehen der Torte.

1. Kuchen und Fondant vorbereiten

Arbeitsoberfläche sauber wischen und sicherstellen, dass sie trocken ist. Den Kuchen abmessen (Seite und Oberseite). Den Kuchen überall mit etwas Sirup bestreichen (s. S. 175); so kann der Fondant besser am Kuchen haften.

Die Präsentierplatte auf eine Backmatte oder ein feuchtes Geschirrtuch stellen, damit der Kuchen während der Bearbeitung nicht rutschen kann. Fondant zu einem glatten, geschmeidigen Teig kneten und evtl. färben – s. S. 178–179). Wenn der Teig beim Kneten an der Arbeitsoberfläche haften bleibt, etwas Maisstärke auf die Arbeitsfläche streuen.

Tipp: Fondant wird nicht wie Teig geknetet. Bei zu intensivem Kneten bleibt der Fondant am Brett hängen und wird unbrauchbar. Man behandelt Fondant eher wie Modelliermasse: Masse hin- und herfalten, bis sie glatt und warm genug für die Verarbeitung ist, ohne an der Arbeitsoberfläche haften zu bleiben.

2. Fondant abflachen und ausrollen

Wenn sicher ist, dass der Fondant glatt ist, die Fondantkugel mit der Handinnenfläche auf ca. 4 cm Dicke abflachen. Die Arbeitsoberfläche mit etwas Maismehl bestäuben. Fondant mit einem Nudelholz ausrollen, dabei von der Mitte aus ca. 6 Mal in eine Richtung rollen.

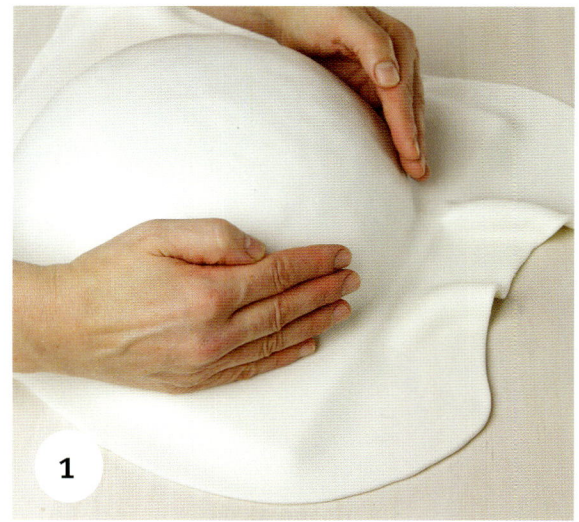

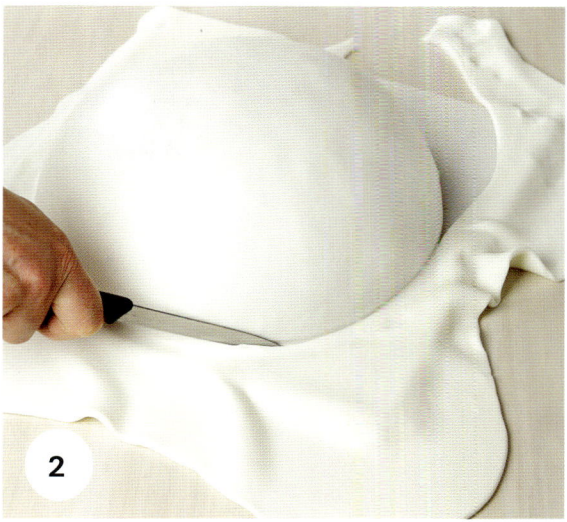

Fondant etwas drehen und den Vorgang wiederholen. Wenn die Arbeitsoberfläche klebrig wird, noch etwas Maismehl darauf streuen – jedoch niemals Maismehl auf die Oberfläche des Fondants bringen. Weiter rollen und drehen, bis der Fondant ca. 3–5 mm dick ist. Das Fondantstück muss größer sein als das Gesamtmaß der Torte.

Tipp: Durch das Drehen des Fondants wird sichergestellt, dass sich eine viereckige Platte ergibt, was das Überziehen der Torte wesentlich erleichtert.

3. Fondant auf die Torte heben

Das Fondantstück um ein Nudelholz rollen und das Nudelholz anheben. Mit einem trockenen Backpinsel überschüssiges Maismehl entfernen – das ist besonders wichtig bei Verwendung eines dunkelfarbigen Fondants. Das Nudelholz mit dem Fondant auf der Torte entrollen.

4. Fondant sichern

Schnell mit der Hand über die Oberfläche der Torte fahren, um Luftblasen auszuschließen. Evtl. Falten und Ausformungen mit den Händen ausgleichen. Die Kanten der Torte formen, indem die Hand in der Position des „Handkantenschlags" an der Seite entlang fährt (1).

5. Fondant abschneiden

Sobald die gesamte Torte mit Fondant bedeckt ist, Fondant mit einem scharfen Messer sanft an die Seite und die Unterkante der Torte drücken. Unterschneiden, um eine Schneidekante zu zeichnen, dann überstehenden Fondant abschneiden (2).

Tipp: Schneiden Sie nicht zu dicht am Boden der Torte, da der geschnittene Fondant schrumpfen kann, sodass er nicht mehr bis ganz hinunter reicht. Wenn das geschieht, aus Fondantresten eine Wurst rollen und um die Unterseite der Torte herumlegen.

6. Polieren der Torte

Mit dem Teigschaber den Fondant polieren, dabei Fondant an den Kuchen drücken und die Form noch weiter ausmodellieren. Je mehr Zeit auf diesen Arbeitsgang verwendet wird, desto besser wird die Torte geformt sein. Darauf achten, dass alle Luftblasen ausgeglichen werden (s. S. 185), indem Hände und Schaber sanft über den Fondant streichen.

DAS ZAUBERBUCH

Mit wenig Mitteln lässt sich dieser Kuchen in zahlreiche Buchvariationen verwandeln. Beispielsweise in ein Schulabschlussbuch, ein Kochbuch, ein Wörterbuch oder sogar ein Kommunionsbuch, indem lediglich der Deckel und die Farben verändert werden. Die ideale Farbe für ein Kochbuch wäre z. B. rot, während ein Schulabschlussbuch in braun und ein Kommunionsbuch in schwarz oder weiß am besten zur Wirkung kommen, aber letztlich liegt man mit jeder Farbe richtig. Mit einem Buchstabenausstecher lässt sich leicht eine Aufschrift herstellen. Es passen praktisch alle vorgeschlagenen Figuren auf diesen Kuchen, aber es geht auch ganz ohne.

ZUTATEN

600 g gefärbter Rollfondant
(Präsentierplatte)
Ein quadratischer Kuchen, 20 cm
Seitenlänge
1,2 kg Ganache
100 ml Sirup
Maismehl (Maisstärke) in einem Streuer
1,5 kg weißer Rollfondant (Kuchen)
600 g violetter Rollfondant (Bucheinband)
100 g violetter Rollfondant (Rand)
50 g gelber Rollfondant (Lesezeichen)
100 g orangefarbener Rollfondant
(Aufschrift)

ARBEITSMATERIAL

Werkzeuge zum Aufbringen der Ganache
Teigschaber
Abgewinkeltes Palettenmesser
Gezacktes Messer
Arbeitsbrett, 20 cm Seitenlänge
Präsentierplatte, 35 cm Seitenlänge
Großes und kleines Nudelholz
Fondantglätter
Kleines scharfes Küchenmesser
Kleines Stück Plastikfolie
Flexi-Schaber
Backpinsel
Mittlerer Malpinsel
Lineal oder Kammschaber
Buchstabenausstecher (optional)
Nudelmaschine (optional)

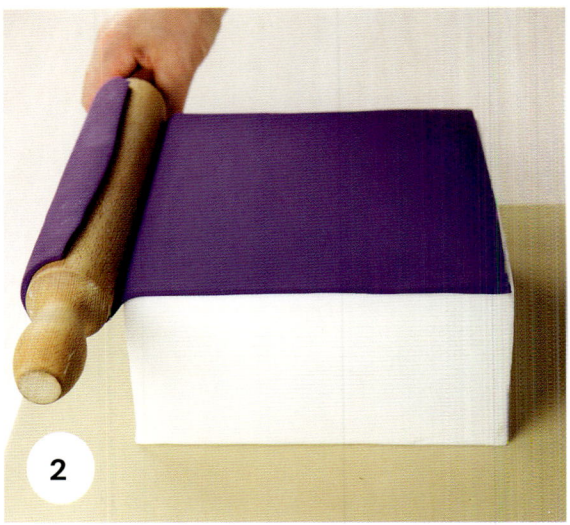

ÜBERZIEHEN DER PRÄSENTIERPLATTE

Gefärbten Fondant geschmeidig kneten, dann auf 3 mm Dicke ausrollen. Die Präsentierplatte gemäß den Anleitungen auf Seite 181 überziehen.

GANACHE AUFBRINGEN

Hierfür die Anleitungen zum Überziehen eines quadratischen Kuchens auf Seite 31 befolgen.

KUCHEN MIT FONDANT ÜBERZIEHEN UND SEITEN MARKIEREN

Weißen Fondant geschmeidig kneten, dann auf 3 mm Dicke ausrollen. Die Anleitungen zum Überziehen eines quadratischen Kuchens auf Seite 35 befolgen. Solange der Fondant noch weich ist, drei aneinander anschließende Seiten mit einem Lineal oder Kammschaber einkerben, um „Buchseiten" zu markieren (1). Fondant trocknen lassen, dann den Kuchen auf die Präsentierplatte legen.

HERSTELLUNG DES EINBANDS

Mit dem Lineal die Fläche ausmessen, die für den Vordereinband und den Rücken benötigt wird; für den Fondant 1 cm zugeben.

Die 600 g violettfarbenen Fondant geschmeidig kneten, dann auf 3 mm Dicke ausrollen. Auf der Grundlage der ausgemessenen Maße ein entsprechendes Stück aus dem Fondant ausschneiden. Auf dieselbe Weise wie für einen ganzen Kuchen fortfahren. Zuerst die Oberseite (Vordereinband des Buchs) bedecken, dann den Fondant herunterrollen, um den Buchrücken zu bedecken (2). Evtl. den Fondant mit einem Messer beschneiden. Wenn der Fondant in der richtigen Position ist, den violettfarbenen Fondant anheben und darunter mit dem Pinsel Wasser auftragen und den Fondant in seiner Position fixieren (3).

Beim Bedecken der Oberseite des Buchs darauf achten, dass ein wenig Fondant übersteht, damit es wie ein richtiger Einband aussieht – 5 mm reichen aus. Mit den Händen in Form ziehen.

3

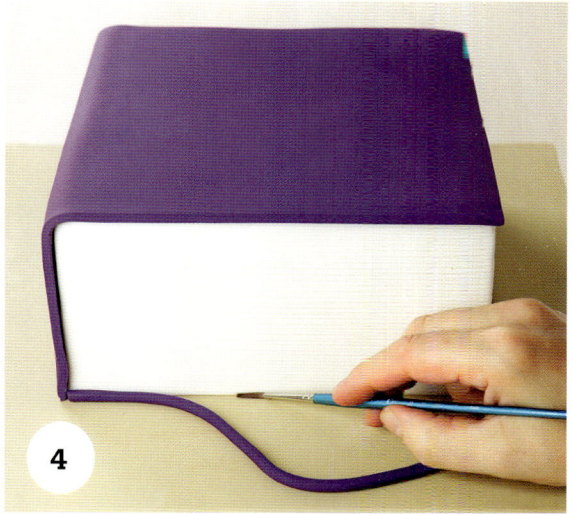

4

RAND

Drei Seiten des Kuchens ausmessen – es sollten ca. 60 cm Gesamtlänge sein. Diese Länge muss die „Fondantwurst" haben, die als Rand dienen wird.

Die 100 g violettfarbenen Fondant geschmeidig kneten. Fondant mit dem Fondantglätter zu einer dünnen Wurst rollen (s. S. 183).

Eine Wasserlinie an die Unterseite des Buchs pinseln. Die Fondantwurst vorsichtig um die Unterseite herum anbringen, um einen Rand herzustellen (4). Die Treffpunkte der Linien vorsichtig glätten.

LESEZEICHEN

Gelben Fondant geschmeidig kneten, dann auf 2 mm Dicke ausrollen. Einen Streifen von ca. 10 cm Länge und 2–3 cm Breite ausschneiden. Aus einem Ende des Lesezeichens ein „V" ausschneiden bzw. an einem Ende kleine Einschnitte machen, um einen Franseneffekt zu erzielen. Mit einem Stück Plastikfolie abdecken, um ein Austrocknen zu verhindern.

Damit das Lesezeichen aus dem Buch hängt, mit dem Messer einen Schlitz in das Buch schneiden, der groß genug ist, um das Lesezeichen aufzunehmen.

Eine Wasserlinie von dem Einschnitt bis zum unteren Ende des Buchs bis auf die Präsentierplatte aufpinseln.

Das Lesezeichen vorsichtig mit dem Messer in den Schlitz einfügen. Das Lesezeichen entlang der Wasserlinie führen und auf der Präsentierplatte befestigen.

AUFSCHRIFT

Orangefarbenen Fondant geschmeidig kneten, dann auf 1 mm Dicke ausrollen. Mit Buchstabenausstechern eine Aufschrift ausstechen. Die Rückseite der Buchstaben mit etwas Wasser einpinseln und dann auf die Präsentierplatte kleben.

AM STRAND

Dieser Kuchen eignet sich hervorragend für Deko-Einsteiger. Fehler sind nicht tragisch, da die Form fließend und natürlich ist. Ein Kuppelkuchen ist relativ einfach und macht dennoch Eindruck; es macht Spaß, Sand aus Fondant herzustellen. Besonders Kreative können Surfbretter, Seegras, Strandtücher und Flaggen basteln. Diese zusätzlichen Dekorationen sind einfach zu gestalten – sie erfordern lediglich etwas Fondant und Fantasie. Viele der in diesem Buch vorgestellten Figuren würden sehr gern am Strand liegen: vor allem die Hip-Hop-Kraken und die Pinguine auf dem Surfbrett.

DAS WIRD BENÖTIGT

ZUTATEN

600 g blauer Rollfondant (Präsentierplatte)
Runder Kuchen mit 22 cm Durchmesser
1,2 kg Ganache
100 ml Sirup
Maismehl (Maisstärke) im Streuer
1,2 kg weißer Rollfondant (Kuchen)
200 g Zucker (Sand)
400 g Royal Icing (Sand)
Lebensmittelfarbe, karamellfarben (Sand)
500 g Royal Icing (Wellen)
Pastenfarbe, königsblau (Wellen)
Pastenfarbe, blaugrün (Wellen)
100 g Rollfondant (Aufschrift)

ARBEITSMATERIAL

Werkzeuge zum Aufbringen der Ganache
Teigschaber
Abgewinkeltes Palettenmesser
Gezacktes Messer
Rundes Brett, 25 cm (Arbeitsbrett)
Rundes Brett, 35 cm (Präsentierplatte)
Großer und kleiner Rollstab
Fondantglätter
Kleines scharfes Küchenmesser
Flexi-Schaber
Backpinsel
Mittlerer Malpinsel
Buchstabenausstecher (optional)

PRÄSENTIERPLATTE ÜBERZIEHEN

Blauen Fondant geschmeidig kneten, dann
auf 3 mm Dicke ausrollen. Präsentierplatte
gemäß den Anleitungen auf Seite 181
überziehen.

KUCHEN FORMEN UND GANACHE AUFBRINGEN

Hierfür die allgemeinen Anleitungen zur
Zubereitung eines Kuppelkuchens und zum
Aufbringen der Ganache auf den Seiten
39–40 befolgen.

TORTE MIT FONDANT ÜBERZIEHEN

Weißen Fondant geschmeidig kneten, dann
auf 3 mm Dicke ausrollen. Die Anleitungen
zum Aufbringen des Fondants auf einen
Kuppelkuchen auf den Seiten 40–41 befolgen.
Fondant trocknen lassen, dann den Kuchen
auf die Präsentierplatte stellen.

SAND HERSTELLEN

Den Zucker und 400 g Royal Icing miteinander vermischen. Jeweils einen Tropfen karamellfarbenen Fondant hinzufügen, bis der
gewünschte Sandfarbton erreicht ist (1).

Mit dem Palettenmesser zügig die Kuppel
mit „Sand" bedecken, dabei mit dem Palettenmesser die Oberfläche aufrauen. Möglichst
keinen Fondant auf die Präsentierplatte gelangen lassen.

WELLEN HERSTELLEN

Die 500 g Royal Icing zur Hand nehmen und königsblaue und blaugrüne Farbe unterheben. Die beiden Farben nicht vollständig vermischen, um einen Zwei-Ton-Effekt zu erzielen. Mit einem Palettenmesser Wellen an der Unterseite der Torte formen; an der Unterkante beginnen und die Wellen herausziehen (2).

AUFSCHRIFT

Fondant in der gewählten Farbe geschmeidig kneten, dann auf 1 mm Dicke ausrollen. Mit Buchstabenausstechern eine Aufschrift ausstechen (3). Die Rückseite der Buchstaben mit etwas Wasser einpinseln und die Aufschrift auf die Präsentierplatte kleben.

DIE GROSSE BÜHNE

Dieses Modell ist vielseitig verwendbar und geeignet für fast alle Figuren: schließlich steht jeder gern einmal im Rampenlicht! Die Gäste werden besonders beeindruckt sein von der Dielenbrettern und den Vorhängen, die beide relativ leicht herzustellen sind. Traditionelle Farben wie Rot sehen fantastisch aus, jedoch gilt es zu bedenken, dass die Farbe Rot schwieriger zu verarbeiten ist (siehe die Anleitungen auf S. 179). Auch Königsblau und Violett überzeugen, sind dabei aber etwas einfacher im Gebrauch. Bei diesem Modell geht meine Fantasie mit mir durch und vor meinem geistigen Auge verwandeln sich plötzlich alle Figuren in diesem Buch in Zauberer ... und so kann die perfekte Aufschrift nur lauten: ABRAKADABRA!

DAS WIRD BENÖTIGT

ZUTATEN

600 g weißer Rollfondant (Präsentierplatte)
Quadratischer Kuchen, 20 cm Seitenlänge
1,2 kg Ganache
100 ml Sirup
Maismehl (Maisstärke) im Streuer
1,5 kg hellgrüner Rollfondant (Kuchen)
Braune Lebensmittelfarbe
Alkohol
Essbares Silberpulver (optional)
300 g dunkelgrüner Rollfondant (Vorhänge)
100 g roter Rollfondant (Aufschrift)

ARBEITSMATERIAL

Werkzeuge zum Aufbringen der Ganache
Teigschaber
Abgewinkeltes Palettenmesser
Gezacktes Messer
Arbeitsbrett 10 x 20 cm
Präsentierplatte mit 35 cm Seitenlänge
Großer und kleiner Rollstab
Fondantglätter
Kleines scharfes Küchenmesser
Modellierstab
Flexi-Schaber
Backpinsel
Mittlerer Malpinsel
Lineal
Holzspieße
Nudelmaschine (optional)

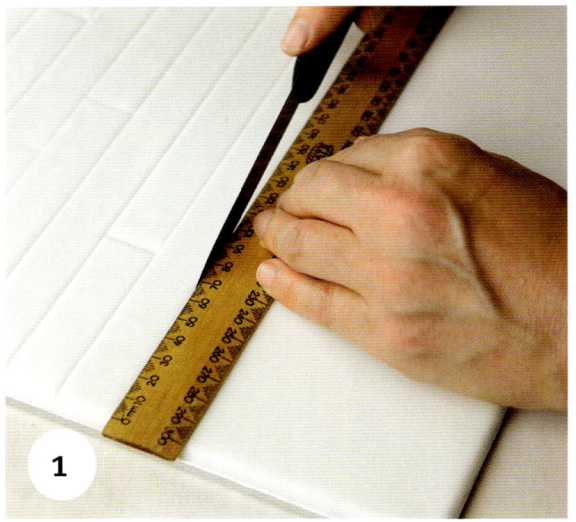

PRÄSENTIERPLATTE ÜBERZIEHEN

Weißen Fondant geschmeidig kneten, dann auf 3 mm Dicke ausrollen. Präsentierplatte gemäß den Anleitungen auf Seite 181 überziehen.

Die Wand formen und mit Ganache überziehen.

Gemäß den allgemeinen Anleitungen zum Herstellen und Aufbringen von Ganache auf einen rechteckigen Kuchen auf Seite 36 verfahren.

DEN KUCHEN MIT FONDANT ÜBERZIEHEN

Hellgrünen Fondant geschmeidig kneten, dann auf 3 mm Dicke ausrollen. Die Anleitungen zum Überziehen eines rechteckigen Kuchens auf den Seiten 37–38 befolgen. Fondant trocknen lassen.

DIELENBRETTER HERSTELLEN

Während der Fondant auf der Präsentierplatte noch weich ist, mit Hilfe eines Messerrückens und eines Lineals Dielenbretter hinein ritzen (1).

Zur Verstärkung des Effekts mit einem Modellierstab oder einer kleinen Spritztülle kleine Löcher für die „Nägel" in die Dielenbretter stanzen.

Die braune Lebensmittelfarbe mit etwas Alkohol mischen und die Farbe zunächst auf einem Reststück Fondant testen. Die Dielenbretter mit einem Backpinsel anstreichen (2). Etwa eine Stunde lang trocknen lassen.

Den Kuchen vom Arbeitsbrett zu den Dielenbrettern auf die Präsentierplatte in das hintere Drittel setzen, um genügend Raum für die Figuren zu lassen.

Optional: Wenn die Dielenbretter trocken sind, kann ein Extraeffekt erreicht werden, indem etwas Silberpulver mit Alkohol angerührt wird, um dann mit einem feinen Malerpinsel silberne „Nägel" aufzutragen.

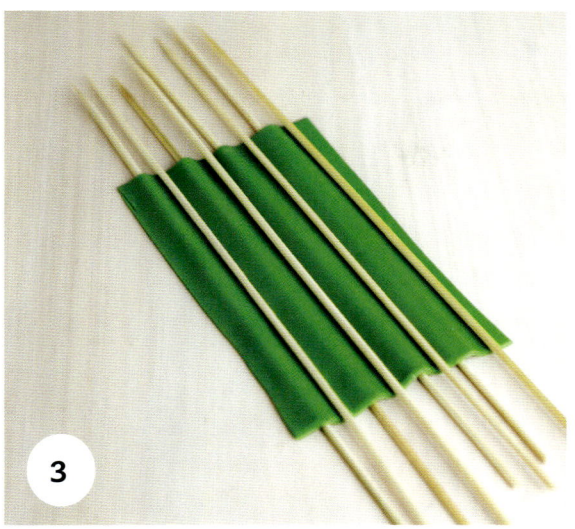

BEHANG

Dunkelgrünen Fondant geschmeidig kneten, dann auf 1 m Dicke ausrollen. Stücke in folgenden Maßen aus dem Fondant schneiden:

Für die Seiten: 2 Rechtecke à 12 x 14 cm
Für den Querbehang: 1 Rechteck à 10 x 15 cm
Für die Rückseite: 1 Rechteck à 10 x 24 cm
Für die Vorhänge: 2 Rechtecke à 10 x 18 cm

Die Holzspieße abwechselnd über und unter jedes Stück Fondant stecken (3). Die Holzspieße wieder herausziehen. Vorhänge sofort am Kuchen befestigen – solange der Fondant noch weich ist, kann er noch in Position gebracht werden. Zuerst die Seitenvorhänge am Kuchen anbringen, dann die Kastenverkleidungen.

Den Querbehang „raffen", dann mit etwas Wasser am Vorhang befestigen.

Kleine Stücke des dunkelgrünen Fondants zu Kugeln rollen. Die Kugeln zu dünnen Würsten rollen und mit einem Tupfen Wasser als „Raffhalter" an die Vorhänge kleben (4).

AUFSCHRIFT

Roten Fondant geschmeidig kneten, dann auf 1 mm Dicke ausrollen. Mit Buchstabenausstechern den gewünschten Wortlaut ausstechen. Die Rückseite der Buchstaben mit etwas Wasser bestreichen und auf die Präsentierplatte kleben.

ZUCKERWATTE-WOLKEN

Hier sind der Niedlichkeit keine Grenzen gesetzt! Ich habe mich bei diesem Modell von japanischen Kawaii-Entwürfen inspirieren lassen und hatte den Wunsch, ein wahres Comic-Fantasy-Feeling zu schaffen. Viele verschiedene Elemente wie Sterne, Zuckerstangen, Herzen oder sogar ein Regenbogen können hier für eine zauberhafte Atmosphäre sorgen – wer nach Ideen sucht, kann Kawaii im Internet aufrufen. Unter Verwendung des einfachen Grundmodels von Seite 183 können dann nach Wunsch zusätzliche Elemente eingefügt werden.

ZUTATEN

600 g blauer Rollfondant (Präsentierplatte)

Quadratischer Kuchen, 20 cm Seitenlänge

1,2 kg Ganache

100 ml Sirup

Maismehl (Maisstärke) im Streuer

1,5 kg blauer Rollfondant (Kuchen)

20 g roter Rollfondant (Regenbogen)

20 g orangefarbener Rollfondant
   (Regenbogen)

20 g gelber Rollfondant (Regenbogen)

20 g grüner Rollfondant (Regenbogen)

20 g blauer Rollfondant (Regenbogen)

20 g violettfarbener Rollfondant
   (Regenbogen)

100 g weißer Rollfondant (Wolken)

ARBEITSMATERIAL

Werkzeuge zum Aufbringen der Ganache

Teigschaber

Abgewinkeltes Palettenmesser

Gezacktes Messer

Arbeitsbrett 10 x 20 cm

Präsentierplatte mit 35 cm Seitenlänge

Großer und kleiner Rollstab

Fondantglätter

Kleines scharfes Küchenmesser

Flexi-Schaber

Backpinsel

Mittlerer Malpinsel

Backpapier

Bleistift (2B)

Schere

Beutel mit Zip-Verschluss

Pin (optional)

Nudelmaschine (optional)

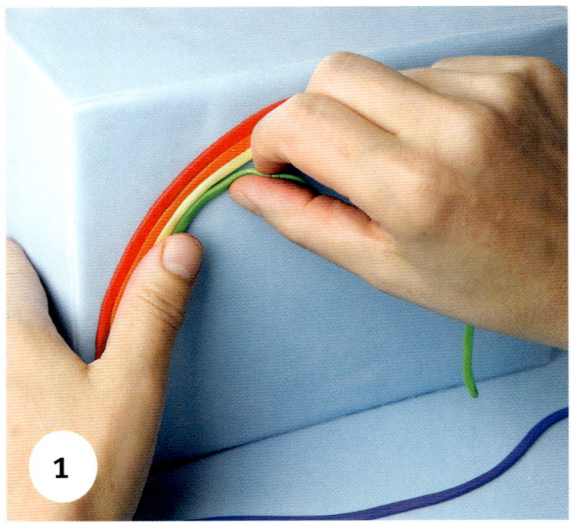

DIE PRÄSENTIERPLATTE BEZIEHEN

Die 600 g blauen Fondant geschmeidig kneten, dann auf 3 mm Dicke ausrollen. Die Präsentierplatte gemäß den Anleitungen auf Seite 181 damit beziehen.

DIE WAND FORMEN UND MIT GANACHE ÜBERZIEHEN

Hierfür die allgemeinen Anleitungen für die Zubereitung und das Überziehen eines rechteckigen Kuchens mit Ganache auf Seite 36 befolgen.

DEN KUCHEN ÜBERZIEHEN

Die 1,5 kg blauen Fondant geschmeidig kneten, dann auf 3 mm Dicke ausrollen.

Für das Überziehen des Kuchens die Anleitungen auf den Seiten 37–38 befolgen.

Fondant trocknen lassen, dann den Kuchen auf die Präsentierplatte setzen.

VORLAGE ERSTELLEN

Mit dem Fotokopierer die Vorlagen für den Regenbogen und die Wolken (siehe rechte Seite) kopieren und vergrößern. Die Muster mit einem Bleistift auf ein Stück Backpapier pausen und ausschneiden.

REGENBOGEN HERSTELLEN

Das Regenbogenmuster auf die Vorderseite des Kuchens übertragen (s. S. 183). Fondantstücke jeweils mit allen Regenbogenfarben mischen und zu glatten, rissfreien Kugeln rollen. Die Kugeln in Plastikbeuteln mit Zip-Verschluss aufbewahren, damit sie nicht austrocknen.

VARIANTE 1

Die farbigen Fondantkugeln auf 2 mm Dicke ausrollen. Auf der Grundlage der Backpapiervorlage die Regenbogenstreifen mit einem kleinen, scharfen Messer ausschneiden. Die Rückseite der Regenbogenstreifen mit etwas Wasser bestreichen und auf die Vorderseite des Kuchens kleben.

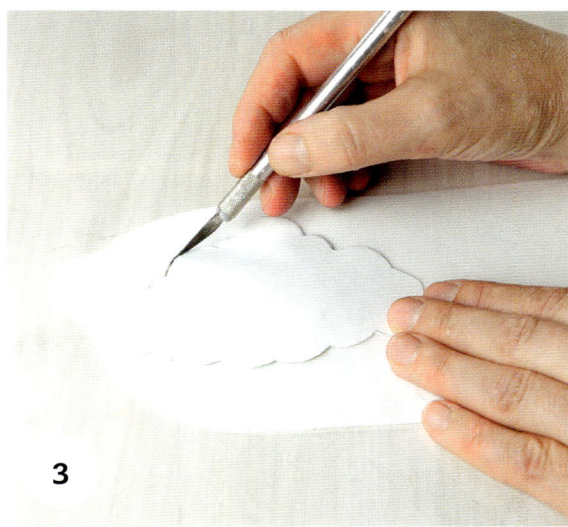

3

VORLAGE = 50%

VARIANTE 2

Die farbigen Fondantkugeln auf 2 mm Dicke ausrollen. Jeweils eine Kugel auf „Fettucine"-Einstellung durch die Nudelmaschine drehen, um die Regenbogenstreifen herzustellen. Mit einem Tupfen Wasser auf die Vorderseite des Kuchens kleben (1).

VARIANTE 3

Die Fondant-Kugeln zu gleichmäßig dicken Würsten ausrollen (s. S. 183), dann abflachen.

Die Würste mit einem Tupfen Wasser auf die Vorderseite des Kuchens kleben (2).

DIE WOLKEN AUSROLLEN

Die 100 g weißen Fondant geschmeidig kneten, dann auf 1 mm Dicke ausrollen.

Das Wolkenmuster auf den Fondant legen und Wolken ausschneiden (3). Die Wolken mit einem Tupfen Wasser auf Kuchen und Präsentierplatte kleben.

COMIC-KUCHEN

Für Comic-Liebhaber ist dieses Modell der Geburtstagskuchen der Wahl! Ich liebe diesen Kuchen wegen der luxuriösen Fondantglasur und seiner knalligen Farben. Das Modell eignet sich für Kinder und Erwachsene gleichermaßen. Eine schöne Farbkombination ergibt sich aus einer weißen Präsentierplatte mit Eiscremefarben wie Himbeere und Mokka, oder einer Mischung aus Sorbetfarben wie Zitrone und Pistazie. Sofern die Präsentierplatte mit Figuren bevölkert werden soll, ist darauf zu achten, dass der Kuchen weit genug hinten steht, damit die Figuren Platz finden. Zu diesem Kuchen passen die Kuschelbären, Piggy & Pepper und die Sporthunde.

ZUTATEN

600 g weißer Rollfondant (Präsentierplatte)
Runder Kuchen, 22 cm Durchmesser
1,2 kg Ganache
100 ml Sirup
Maismehl (Maisstärke) im Streuer
1,5 kg brauner Rollfondant (Kuchen)
400 g rosafarbener Rollfondant (Kuchenglasur Oberseite)
100 g rosafarbener Rollfondant (mittlerer Fondant-Streifen)
12 Kugeln aus rotem Rollfondant zu je 10 g (Kirschen)
Guss
100 g weißes Royal Icing
100 g Rollfondant, Farbe nach Wahl (Aufschrift)

ARBEITSMATERIAL

Werkzeuge zum Aufbringen der Ganache
Teigschaber
Abgewinkeltes Palettenmesser
Gezacktes Messer
Rundes Brett, 22 cm (Arbeitsbrett)
Rundes Brett, 35 cm (Präsentierplatte)
Großer und kleiner Rollstab
Fondantglätter
Kleines scharfes Küchenmesser
Flexi-Schaber
Backpinsel, mittlerer Malpinsel
Grünes Blumenband
Buchstabenausstecher (optional)
Nudelmaschine (optional)
Modellierstab
Sterntülle, 1 cm
Spritzbeutel
Pizzarad

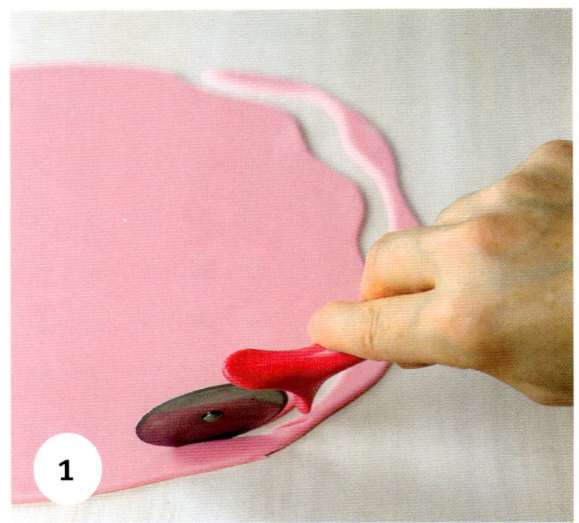

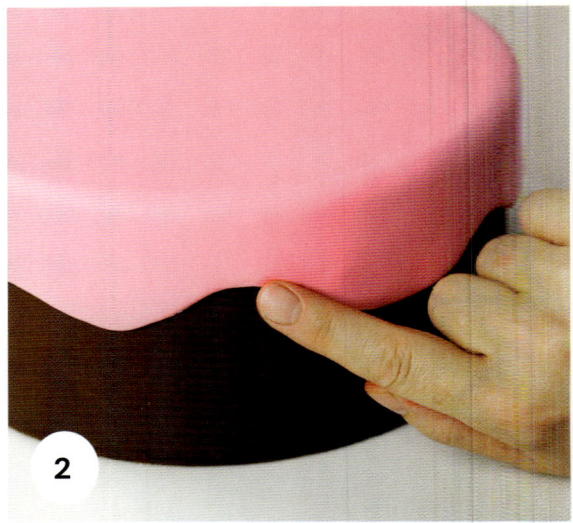

PRÄSENTIERPLATTE ÜBERZIEHEN

Weißen Fondant geschmeidig kneten, dann auf 3 mm Dicke ausrollen. Die Präsentierplatte gemäß den Anleitungen auf Seite 181 überziehen.

KUCHEN MIT GANACHE ÜBERZIEHEN

Kuchen gemäß den allgemeinen Anleitungen auf den Seiten 28–30 mit Ganache überziehen.

KUCHEN MIT FONDANT ÜBERZIEHEN

Braunen Fondant geschmeidig kneten, dann auf 3 mm Dicke ausrollen.

Gemäß den Anleitungen für das Überziehen eines runden Kuchens mit Fondant auf den Seiten 32–34 verfahren. Fondantglasur trocknen lassen.

Den Kuchen hinten auf die Präsentierplatte setzen, damit davor ausreichend Platz für die Figuren bleibt (den Kuchen nicht genau in die Mitte der Präsentierplatte setzen).

DIE ROSAFARBENE OBERSEITE HERSTELLEN

Die Oberseite des Kuchens ausmessen und 10 cm dazugeben. Die Fläche mit etwas Wasser bestreichen.

Die 400 g rosafarbenen Fondant geschmeidig kneten, dann auf 3 mm Dicke ausrollen.

Mit einem Pizzarad ein Wellenmuster um den Rand der Fondant-Scheibe herum schneiden (1). Dieses kann aus freier Hand oder auf der Grundlage eines selbst erstellten Musters geschehen.

Fondant auf den Kuchen legen, dann die Wellenkanten mit den Fingern abrunden (2). Mit dem Flexi-Schaber die Oberfläche und den Kuchenrand glätten.

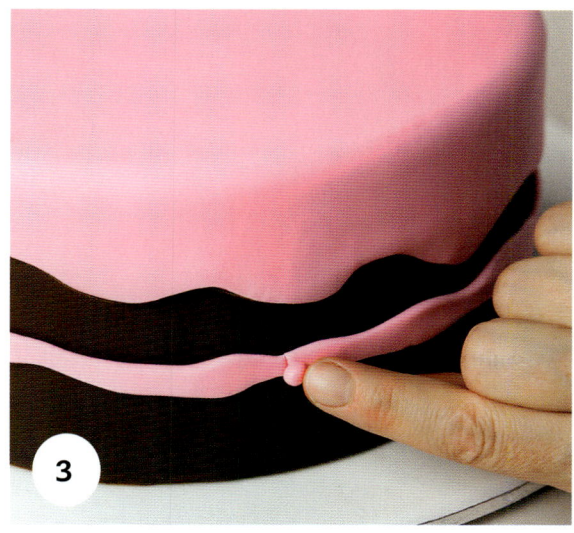

DEN ROSAFARBENEN MITTELSTREIFEN AUFBRINGEN

Den Umfang des Kuchens messen. Die 100 g rosafarbenen Fondant geschmeidig kneten. Mit dem Fondantglätter eine unebene Wurst rollen.

Eine Wasserlinie um die Mitte des Kuchens streichen, dann vorsichtig die Wurst herumrollen, dabei hinten beginnen.

Eine kleine Fondantkugel dafür verwenden, den Treffpunkt von Anfang und Ende der Wurst zu bedecken (3), dann den Fondant sanft gegen den Kuchen drücken.

KIRSCHEN HERSTELLEN

Die 12 Kugeln aus rotem Fondant zu weichen Kugeln rollen, an einer Seite leicht abflachen, um den Boden der Kirsche zu gestalten.

Mit dem Modellierstab eine Mulde in jede Oberseite drücken. In jede Mulde einen Stiel stecken, der aus einem kurzen Stück gedrehten grünen Blumenbandes gefertigt und leicht gebogen wurde (4). Die Kirschen mit Guss bestreichen.

SAHNE SPRITZEN

Mit einem Spritzbeutel, der mit einer Sterntülle von 1 cm ausgestattet ist, 12 Rosetten aus weißem Fondant um den oberen Rand des Kuchens spritzen. Das Spritzen sollte zunächst auf einem Stück Backpapier geübt werden, bevor der Kuchen selbst bearbeitet wird.

In jede Rosette eine Kirsche setzen, bevor die Fondantglasur fest ist.

AUFSCHRIFT

Fondant in der gewählten Farbe geschmeidig kneten, dann auf 1 cm Dicke ausrollen.

Mit Buchstabenausstechern die Aufschrift ausstechen. Die Rückseite der Buchstaben mit etwas Wasser bestreichen und die Buchstaben auf die Präsentierplatte kleben.

SUPPENTOPF

Sieht dieser Suppentopf nicht verblüffend echt aus? Auch wenn das Modell kompliziert erscheint, ist es recht einfach herzustellen. Bitte lassen Sie sich nicht vom Deckel entmutigen: er ist Teil der Kuchenglasur und nur die Gestaltung lässt ihn wie einen separaten Deckel aussehen. Dieser Topf ist identisch mit einem Kochgerät, das meine Mutter in den 1970er-Jahren verwendete! Der hier abgebildete Topf ist lindgrün, aber auch jede andere Farbe passt. Am besten eignet sich helle Farben wie Orange, Rot, Grün und Blaugrün. Abgesehen von den Fetten Ratten kochen alle Figuren gern ... die Hummerfiguren sind geradezu perfekt!

DAS WIRD BENÖTIGT

ZUTATEN

600 g grauer Rollfondant (Präsentierplatte)
Runder Kuchen, 22 cm Durchmesser
1,2 kg Ganache
100 ml Sirup
Maismehl (Maisstärke) im Streuer
1,5 kg lindgrüner Rollfondant (Kuchen)
30 g schwarzer Rollfondant (Deckelgriff)
100 g lindgrüner Rollfondant (Topfhenkel)
80 g roter Rollfondant (Flamme)
80 g gelber Rollfondant (Flamme)
80 g orangefarbener Rollfondant (Flamme)
100 g Rollfondant, freie Farbwahl (Aufschrift)

ARBEITSMATERIAL

Werkzeuge zum Aufbringen der Ganache
Teigschaber
Abgewinkeltes Palettenmesser
Gezacktes Messer
2 runde Bretter, 22 cm (Arbeitsbrett + 1)
Rundes Brett, 35 cm (Präsentierplatte)
Großer und kleiner Rollstab
Fondantglätter
Kleines scharfes Küchenmesser
Flexi-Schaber
Backpinsel
Modellierstab
Kreisausstecher
Mittlerer Malpinsel
Rollschneider (Optional)
Pizzarad (optional)
Buchstabenausstecher (optional)
Nudelmaschine (optional)

PRÄSENTIERPLATTE ÜBERZIEHEN

Grauen Fondant geschmeidig kneten, dann auf 3 mm Dicke ausrollen. Die Präsentierplatte gemäß den Anleitungen auf Seite 181 überziehen.

KUCHEN MIT GANACHE ÜBERZIEHEN

Kuchen gemäß den allgemeinen Anleitungen auf den Seiten 28–30 mit Ganache überziehen.

KUCHEN MIT FONDANT ÜBERZIEHEN

Die 1,5 kg lindgrünen Fondant geschmeidig kneten, dann auf 3 mm Dicke ausrollen.

Gemäß den Anleitungen für das Überziehen eines runden Kuchens auf den Seiten 32–34 verfahren. Solange der Fondant noch weich ist, den Deckel herstellen (siehe nächster Schritt).

DECKEL MARKIEREN

Ein rundes Brett mit 22 cm Durchmesser auf den Kuchen legen. Mit einem Modellierstab um den Rand des Bretts herum eine Linie in den Fondant ziehen (1), um den Außenrand des Deckels zu markieren.

Um den Deckel realistisch zu gestalten, diesen Vorgang jeweils mit einer runden Auflage von 18 cm, 13 cm und 7,5 cm Durchmesser wiederholen. Dadurch entsteht die Illusion eines leicht gewölbten Deckels. Kuchen in das hintere Drittel der Präsentierplatte setzen, damit genug Raum für die Figuren bleibt (Den Kuchen nicht genau in die Mitte der Präsentierplatte setzen).

DECKELGRIFF

Schwarzen Fondant zu einer glatten Kugel rollen. Mit den Fingern zu einem Topfdeckelgriff formen (2). Wer möchte, kann mit dem Messerrücken kreuz und quer Linien in die Oberseite des Griffs ziehen.

TOPFHENKEL

Die Kugel aus 100 g lindgrünem Fondant auf 1 cm Dicke ausrollen.

Mit einem Kreisausstecher von 8 cm einen Kreis ausstechen. Den Kreis in der Mitte durchschneiden; diese beiden Hälften werden die Henkel.

Henkel an die Seite des runden Bretts legen und so bearbeiten, dass sie die Rundung des Bretts annehmen (3). Durch die Verwendung des Bretts zum Formen der Henkel ist sichergestellt, dass sie perfekt an die Seite des Kuchens passen. Henkel trocknen lassen.

Wenn die Henkel trocken sind, die Innenränder mit etwas Wasser bestreichen und die Henkel an die Seiten des Topfes kleben.

FLAMMEN

Roten, gelben und orangefarbenen Fondant nur teilweise vermengen, damit der Effekt züngelnder Flammen entsteht (siehe Marmorierungstechniken, S. 180).

Fondant vorsichtig auf 2 mm Dicke ausrollen. Mit einem scharfen Messer oder Pizzarad Dreiecksformen verschiedener Größe aus dem Fondant schneiden, um Flammen nachzuahmen (4). Den unteren Teil des Kuchens mit Wasser bestreichen und die Flammen, die einander leicht überlappen sollen, ankleben.

AUFSCHRIFT

Fondant in der Wahlfarbe geschmeidig kneten, dann auf 1 mm Dicke ausrollen. Mit den Buchstabenausstechern die Aufschrift ausstechen. Die Rückseite der Buchstaben mit etwas Wasser bestreichen und die Buchstaben auf die Präsentierplatte kleben.

GRAFFITI-MAUER

Hierfür eignet sich der rechteckige Kuchen, da die Aufschrift höchst effektiv quer über die „Mauer" geschrieben werden kann. Das Modell gefällt allen Altersgruppen, wobei die Farben je nach erwünschtem Effekt verändert werden können: z. B. sieht eine braune Mauer sehr realistisch aus, Kinder werden eine rote Mauer mögen; schlichtes weiß ergibt einen sehr edlen Kuchen. Bei der Auswahl der Aufschrift eignen sich kürzere, einzelne Wörter am besten, da man hierfür eine große Schrift wählen kann. Aufgrund seiner Höhe lässt sich dieser Kuchen gut fotografieren, wobei sich die Mauer in die meisten Szenarien ohne Probleme integriert. Praktisch alle in diesem Buch vorgestellten Figuren eignen sich – von den Superhelden bis zu den Sporthurden.

ZUTATEN
600 g grüner Rollfondant (Präsentierplatte)
Quadratischer Kuchen, 20 cm Durchmesser
1,2 kg Ganache
100 ml Sirup
Maismehl (Maisstärke) im Streuer
1,5 kg brauner Rollfondant (Kuchen)
100 g Rollfondant, Farbe nach Wahl (Graffiti)

ARBEITSMATERIAL
Werkzeuge zum Aufbringen der Ganache
Teigschaber
Abgewinkeltes Palettenmesser
Gezacktes Messer

Arbeitsbrett, 10 x 20 cm
Rundes Brett, 35 cm (Präsentierplatte)
Großer und kleiner Rollstab
Fondantglätter
Kleines scharfes Küchenmesser
Flexi-Schaber
Backpinsel
Mittlerer Malpinsel
Lineal
Backpapier
Bleistift (2B)
Schere
Pin (optional)
Nudelmaschine (optional)
Buchstabenstecher (optional)

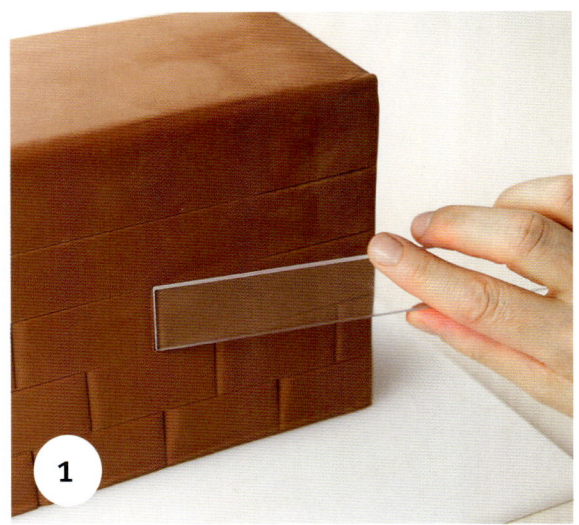

PRÄSENTIERPLATTE ÜBERZIEHEN

Grünen Fondant geschmeidig kneten, dann auf 3 mm Dicke ausrollen. Die Präsentierplatte gemäß den Anleitungen auf Seite 181 überziehen.

KUCHEN FORMEN UND MIT GANACHE ÜBERZIEHEN

Die allgemeinen Anleitungen für die Herstellung des Kuchens und das Aufbringen der Ganache auf Seite 36 befolgen.

KUCHEN MIT FONDANT ÜBERZIEHEN

Braunen Fondant geschmeidig kneten, dann auf 3 mm Dicke ausrollen.

Gemäß den Anleitungen für das Aufbringen der Ganache auf einen rechteckigen Kuchen auf den Seiten 37–38 verfahren. Während die Fondantglasur noch weich ist, mit Hilfe eines Lineals ein Backsteinmuster einkerben (1). Fondant etwa eine Stunde lang trocknen lassen, dann den Kuchen auf die Präsentierplatte setzen.

GRAFFITIVORLAGEN ERSTELLEN

Mit dem Fotokopierer die Vorlage auf der rechten Buchseite vergrößern. Die Vorlage mit einem Bleistift auf einen Bogen Backpapier pausen.

Alternativ kann eine eigene Vorlage hergestellt werden, z. B. mit dem Namen des Geburtstagskindes. Man kann im Computer eine Schriftart aussuchen und auf die für die Aufschrift gewünschte Größe setzen. Eine weitere Möglichkeit ist der einfache Gebrauch von Buchstabenausschneidern.

GRAFFITI ANBRINGEN

Fondant in der gewählten Farbe geschmeidig kneten, dann auf 1 mm Dicke ausrollen.

Die Graffitivorlage auf den Fondant legen und die Linien nachzeichnen. So drücken sich die Linien auf den Fondant durch. Vorlage abnehmen und die Schrift mit einem scharfen Messer ausschneiden (2).

Die Rückseite der Buchstaben mit etwas Wasser bestreichen und die Buchstaben an die Mauer oder auf die Präsentierplatte kleben.

VORLAGE = 50%

FRIEDHOF

Von allen Kuchen ist dieser der gröbste und einfachste. Er ist nicht mit Fondant überzogen – der „Schmutz" obendrauf besteht aus Kuchenkrümeln. Die Kuppelform ist leicht herzustellen, und die Form ist frei und einfach. Dennoch bietet der Kuchen als Friedhof einen gruseligen Anblick, der durch Figuren, die Erde lieben, noch vervollständigt wird. Solche Figuren wären z. B. die Ninja-Rabbits, begleitet von einigen Karotten, die Hunde oder sogar ein Drachenbaby. Dieser Kuchen bietet vielerlei Möglichkeiten, und köstlich ist er obendrein. Für einen braunen Kuchen ist ein Schokoladenkuchen erforderlich; weiße Kuchen mit Ganache aus weißer Schokolade wären eine prächtige Alternative. Körperteile der Zombies machen auf rotem Samtkuchen einen wunderbar gruseligen Eindruck (s. S. 25).

ZUTATEN

600 g dunkelgrünen Rollfondant
(Präsentierplatte)

Runder Kuchen, 22 cm Durchmesser

1,5 kg Ganache

100 ml Sirup

Maismehl (Maisstärke) im Streuer

200 g Schokoladen-Ganache (Gedärme)

3 Esslöffel Spritzgel

100 g rotes Royal Icing

200 g Fondant, Farbe nach Wahl (Aufschrift)

ARBEITSMATERIAL

Werkzeuge zum Aufbringen der Ganache

Teigschaber

Abgewinkeltes Palettenmesser

Gezacktes Messer

Rundes Brett, 25 cm (Arbeitsbrett)

Rundes Brett, 35 cm (Präsentierplatte)

Großer und kleiner Rollstab

Fondantglätter

Kleines scharfes Küchenmesser

Flexi-Schaber

Backpinsel

Mittlerer Malpinsel

Backpapier

Spritzbeutel

Eine glatte Tülle, 1 cm

Buchstabenausstecher (optional)

PRÄSENTIERPLATTE ÜBERZIEHEN

Dunkelgrünen Fondant geschmeidig kneten, dann auf 3 mm Dicke ausrollen. Die Präsentierplatte gemäß den Anleitungen auf Seite 181 überziehen.

KUCHEN FORMEN UND MIT GANACHE ÜBERZIEHEN

Die allgemeinen Anleitungen für die Herstellung eines Kuppelkuchens und das Aufbringen der Ganache auf den Seiten 39–40 befolgen. Statt jedoch alle Krumen für den Aufbau der Kuppel zu verwenden, ca. 350 g Krumen in einer dünnen Schicht auf einen Teller krümeln.

Krümel 1–2 Stunden bei Raumtemperatur austrocknen lassen. (Hiermit wird später die „Erde" auf dem Kuchen gestaltet). Den Kuchen trocknen lassen, dann auf die Präsentierplatte stellen.

KRUMEN ÜBER DEN KUCHEN STREUEN

Die vorstehenden Teile der Präsentierplatte mit Backpapier auskleiden, damit keine Krümel auf die Präsentierplatte gelangen. Anstatt den Kuchen mit Fondant zu überziehen, werden Krumen über den trockenen Kuchen gekrümelt, um Erde nachzuahmen (1). Die Spitze ist am wichtigsten, da hier normalerweise die Figuren platziert werden.

„GEDÄRMKANTE"

Schokoladen-Ganache mit Royal Icing, Fondant und Spritzgel vermengen – jedoch nicht vollständig vermischen, da ein Streifeneffekt entstehen soll.

Einen Spritzbeutel mit einer glatten 1-cm-Tülle versehen und damit die Ganache-Mischung so aufspritzen, dass sie um die Basis herum einen Rand bildet (2). Es gibt keine wirklichen Regeln für die Gestaltung des Rands.

AUFSCHRIFT

Fondant in der Wahlfarbe geschmeidig kneten, dann auf 1 mm Dicke ausrollen. Mit dem Buchstabenausstecher die Aufschrift ausstechen.

Die Rückseite der Buchstaben mit etwas Wasser bestreichen und auf die Präsentier-platte kleben.

MANN IM MOND

Einer der einfachsten Entwürfe in diesem Buch und dabei äußerst wirksam! Der „Mondkuchen" eignet sich für Fantasy- oder Weltraumthemen und verleiht der Superhelden-Familie eine passende Bühne. Viel Spaß wünsche ich bei der Farbauswahl: ein roter Mond kann sich in einen Mars mit verrückten Figuren wie die Frechen Monster oder den Hip-Hop-Kraken verwandeln. Ein realitätsnaher grauer Mond eignet sich am besten für die Trampelkerle; weiß getärkt würden sie sogar wie richtige Astronauten in Weltraumanzügen aussehen. Der Entwurf lässt sich vereinfachen, indem Nase, Augen und Mund weggelassen werden.

DAS WIRD BENÖTIGT

ZUTATEN

600 g schwarzer Rollfondant
   (Präsentierplatte)
Runder Kuchen, 22 cm
1,2 kg Ganache
100 ml Sirup
Maismehl (Maisstärke) im Streuer
20 g gelber Rollfondant (Nase)
1,5 kg gelber Rollfondant (Kuchen)
10 g weißer Rollfondant (Augen)
5 g schwarzer Rollfondant (Augen)
20 g roter Rollfondant (Mund)
200 g Rollfondant, Farbe nach Wahl
   (Aufschrift)

ARBEITSMATERIAL

Werkzeuge zum Aufbringen der Ganache
Teigschaber
Abgewinkeltes Palettenmesser
Gezacktes Messer
Rundes Brett, 25 cm (Arbeitsbrett)
Rundes Brett, 35 cm (Präsentierplatte)
Großer und kleiner Rollstab
Fondantglätter
Kleines scharfes Küchenmesser
Kugelstab
Flexi-Schaber
Backpapier
Backpinsel
Mittlerer Malpinsel
Buchstabenausstecher
Modellierstab
Bleistift (2B)
Schere

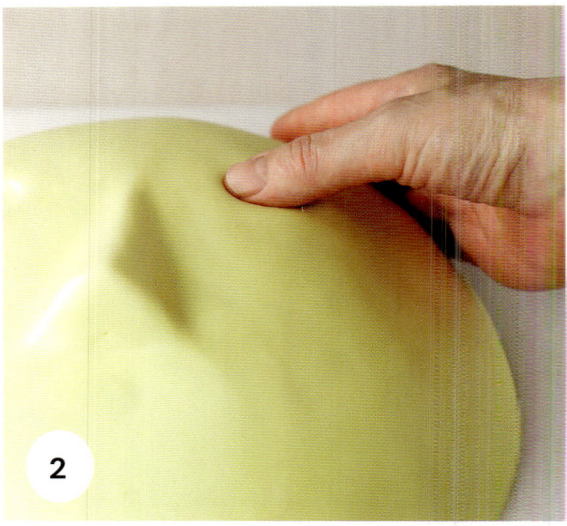

PRÄSENTIERPLATTE ÜBERZIEHEN

Schwarzen Fondant geschmeidig kneten,
dann auf 3 mm Dicke ausrollen. Die Präsentierplatte gemäß den Anleitungen auf Seite
181 überziehen.

KUCHEN FORMEN UND MIT GANACHE ÜBERZIEHEN

Für die Herstellung des Kuppelkuchens und
das Aufbringen der Ganache die allgemeinen
Anleitungen auf den Seiten 39–40 befolgen.

DIE NASE FORMEN

Die 20 g gelben Fondant zu einer glatten, rissfreien Kugel rollen. Aus der Kugel eine Nase
modellieren – hierfür gibt es keine festen Regeln; die Nase kann ganz nach Geschmack geformt werden.

Die Nase mit einem Tupfen Wasser auf den
mit Ganache überzogenen Kuchen kleben (1),
die Ansätze zwischen Nase und Mond mit
dem Finger ausstreichen. Dieser Schritt muss
ausgeführt werden, bevor der Fondant aufgebracht wird.

KUCHEN MIT FONDANT ÜBERZIEHEN

Die 1,5 kg gelben Fondant geschmeidig
kneten, dann auf 3 mm Dicke ausrollen.
Hierfür die Anleitungen für das Aufbringen
des Fondants auf einen Kuppelkuchen auf
den Seiten 40–41 befolgen. Zum Streichen
und Glätten des Fondants auf der Kuppel
einen Flexi-Schaber verwenden.

AUGEN FORMEN

Mit dem Daumen oder einem Kugelstab zwei
Augenhöhlen in den Mond drücken (2).

Weißen Fondant zu zwei Kugeln rollen,
dann zwischen den Fingern abflachen. Die
Rückseite mit einem Tupfen Wasser bestreichen und als Augäpfel in die Augenhöhlen
setzen.

Aus dem schwarzen Fondant zwei kleinere
Kugeln rollen und mit einem Tupfen Wasser
als Pupillen auf die Augen setzen.

NASENLÖCHER MARKIEREN

Mit einem Modellierstab Nasenlöcher in die
Nase drücken.

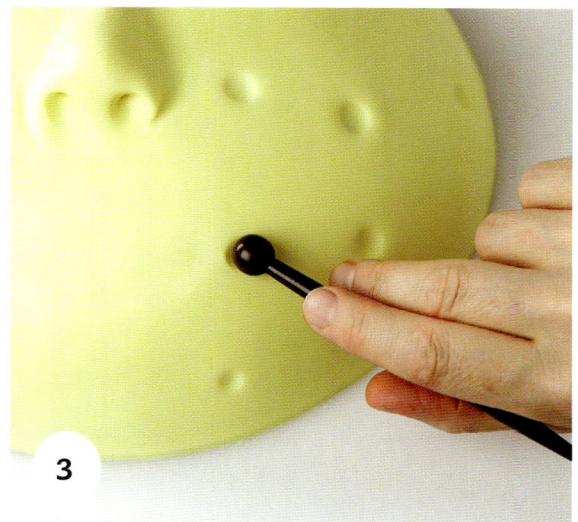

KRATER MARKIEREN

Mit dem Kugelstab flache Mulden (= Mond-krater) über den ganzen Mond verteilen (3).

DEN MUND FORMEN

Eine einfache Vorlage für den Mund zeichnen. Die Kugel aus rotem Fondant auf 2 mm Dicke ausrollen. Mit einem Bleistift (2B) die Vorlage auf einen Bogen Backpapier pausen. Den Mund ausschneiden und auf den roten Fondant legen. Mit einem kleinen scharfen Messer den Mundumriss aus dem Fondant ausschneiden (3).

Mit dem Messerrücken eine Linie in die Mitte des Mundes kerben = Ober- und Unter-lippe (4).

Den Mund mit einem Wasserstrich auf den Mond kleben.

AUFSCHRIFT

Fondant in der gewählten Farbe geschmeidig kneten, dann auf 1 mm Dicke ausrollen. Mit dem Buchstabenausstecher die Aufschrift ausstechen.

Die Rückseite der Buchstaben mit etwas Wasser bestreichen und auf die Fräsentier-platte kleben.

KAMPFSPORTRING

Ein sehr einfacher Kuchen, bei dem alle Farben dem Ereignis gemäß angeglichen werden können. Ich schlage vor, den Kampfsportgürtel in der Farbe des entsprechenden Leistungsgrads des Empfängers zu gestalten, wobei ein schwarzer Gürtel fantastischen Raum für Inspirationen gibt! Ist etwas weniger Kampfgeist im Spiel, könnte dieses Modell als Picknickplatz für die Kuschel-bären dienen, die sich hier zu Kuchen und Kaffee versammeln. Einfach die Gürtelenden eng an den Boden des Kuchens anlegen – leicht lässt sich die Farbe des Bodens grün färben, ebenso die Präsentierplatte – und schon haben wir eine Grasnarbe mit Picknickdecke darauf.

ZUTATEN

600 g blauer Rollfondant (Präsentierplatte)
Runder Kuchen, 22 cm
1,2 kg Ganache
100 ml Sirup
Maismehl (Maisstärke) im Streuer
1,5 kg weißer Rollfondant (Kuchen)
150 g schwarzer Rollfondant (Gürtel)
150 g roter Rollfondant (Matte)
100 g Rollfondant, Farbe nach Wahl
   (Aufschrift)

ARBEITSMATERIAL

Werkzeuge zum Aufbringen der Ganache
Teigschaber
Abgewinkeltes Palettenmesser

Gezacktes Messer
Rundes Brett, 22 cm (Arbeitsbrett)
Rundes Brett, 35 cm (Präsentierplatte)
Großer und kleiner Rollstab
Fondantglätter
Kleines scharfes Küchenmesser
Flexi-Schaber
Backpinsel
Mittlerer Malpinsel
Maßband
Lineal
Rollschneider
Kleines Stück Plastikfolie
Buchstabenausstecher (optional)
Nudelmaschine (optional)

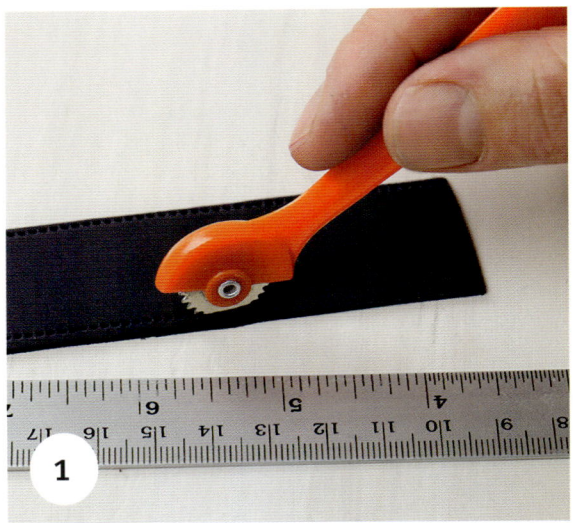

PRÄSENTIERPLATTE ÜBERZIEHEN

Blauen Fondant geschmeidig kneten, dann auf 3 mm Dicke ausrollen. Die Präsentier-platte gemäß den Anleitungen auf Seite 181 überziehen.

KUCHEN MIT GANACHE ÜBERZIEHEN

Hierfür die allgemeinen Anleitungen für die Zubereitung eines runden Kuchens und das Überziehen mit Ganache auf den Seiten 28–30 befolgen.

KUCHEN MIT FONDANT ÜBERZIEHEN

Weißen Fondant geschmeidig kneten, dann auf 3 mm Dicke ausrollen. Die Anleitungen für das Überziehen eines runden Kuchens mit Fondant auf den Seiten 32–34 befolgen. Fon-dant trocknen lassen, dann den Kuchen auf die Präsentierplatte setzen.

GÜRTEL HERSTELLEN

Schwarzen Fondant geschmeidig kneten, dann eine der folgenden beiden Methoden zur Herstellung des Gürtels befolgen.

VARIANTE 1

Mit einem Maßband den Umfang des Kuchens messen und 5 cm Länge dazugeben.

Fondant mit dem Rollstab weiter als auf diese Länge zu einem groben Rechteck ausrollen.

Mit dem Lineal Fondant auf die gemessene Länge zu einem langen Streifen von ca. 2,5 cm Breite ausschneiden.

Mit dem Rollschneider in die langen Seiten des Streifens jeweils Löcher radeln, um die Nähte eines echten Kampfsportgürtels nach-zuahmen (1). Einen Wasserstreifen um die Unterseite des Kuchens herum aufstreichen. Den Gürtel vorsichtig um die Unterseite des Kuchens herumwickeln, dabei darauf achten, dass die beiden Enden vorne zusammentref-fen.

VARIANTE 2

Den Umfang des Kuchens mit dem Maßband messen und 5 cm dazugeben. Den Streifen ca. 2,5 cm breiter als die Breite des Lineals gestalten.

Einen Streifen Wasser um die Unterseite des Kuchens herum aufstreichen, dabei darauf achten, dass die beiden Enden vorne zusammentreffen.

Nun entlang des Lineals die Oberkante des Gürtels säuberlich mit einem sauberen, scharfen Messer abzuschneiden (2).

DER KNOTEN

Zwei Streifen von jeweils 2,5 x 10 cm aus dem schwarzen Fondant ausschneiden. Einen dritten Streifen von 2,5 x 2,5 cm ausschneiden. Mit dem Rollschneider auf den Seiten der Streifen eine Nähnaht nachahmen. Die Streifen mit einem Stück Plastikfolie bedecken, damit sie nicht austrocknen.

Die beiden längeren Streifen quer über den Treffpunkt der Gürtelenden und auf die Präsentierplatte legen und mit Wasser festkleben (3).

Mit dem kleinsten Streifen den Knoten nachahmen. Den Knoten auf dem Treffpunkt aller Streifen- und Gürtelenden mit einer Wasserlinie festkleben (4).

MATTE AUSROLLEN

Roten Fondant geschmeidig kneten, dann auf ca. 2 mm Dicke ausrollen.

Daraus ein Quadrat mit 18 cm Seitenlänge ausschneiden und mit etwas Wasser auf der Oberseite des Kuchens festkleben.

AUFSCHRIFT

Fondant in der gewählten Farbe geschmeidig kneten, dann auf 1 mm Dicke ausrollen. Mit dem Buchstabenausstecher die Aufschrift ausstechen.

Die Rückseite der Buchstaben mit etwas Wasser bestreichen und auf die Präsentierplatte kleben.

VIDEOSPIEL

Dieser Kuchen eignet sich für Liebhaber von Videospielen. Die meisten Computergrafiken beinhalten ein erstaunliches Farbkaleidoskop, dessen Verwendung ich hier ebenfalls empfehle. Lindgrün, blau und rot sind fantastisch; sollte jedoch die erste Wahl auf roten und schwarzen Fondant fallen, empfehlen wir, vor Gebrauch die Tipps auf den Seiten 178–179 anzusehen. Es empfiehlt sich, die Spielvorlieben des Empfängers auszukundschaften und die Dekoration entsprechend zu gestalten. Darüber hinaus kann das Geschenk noch weiter auf den Empfänger zugeschnitten werden, indem z. B. bei einem Kind, das 7 wird, LEVEL 7 auf die Präsentierplatte geschrieben wird. Ein eckiger Kuchen lässt sich etwas schwieriger herstellen als ein runder oder ein Kuppelkuchen. Anfänger sollten den Entwurf evtl. auf einen runden Kuchen übertragen. Die Dekoration ist hingegen unkompliziert. Es werden lediglich ein paar tolle Farben und irre Figuren benötigt.

DAS WIRD BENÖTIGT

ZUTATEN

600 g blauer oder violettfarbener Rollfondant (Präsentierplatte)

Quadratischer Kuchen mit 20 cm Seitenlänge

1,2 kg Ganache

100 ml Sirup

Maismehl (Maisstärke) im Streuer

1,5 kg schwarzer Rollfondant (Kuchen)

100 g blauer oder violettfarbener Rollfondant (Rand)

100 g blauer oder violettfarbener Rollfondant (Labyrinth)

200 g weißer Rollfondant (Kügelchen)

100 g Rollfondant (Aufschrift)

ARBEITSMATERIAL

Werkzeuge zum Aufbringen der Ganache

Teigschaber

Abgewinkeltes Palettenmesser

Gezacktes Messer

Arbeitsbrett, 20 cm Seitenlänge

Präsentierplatte, 35 cm Seitenlänge

Großer und kleiner Rollstab

Fondantglätter

Kleines scharfes Küchenmesser

Flexi-Schaber

Backpinsel

Mittlerer Malpinsel

Tonpistole (optional)

Buchstabenausstecher (optional)

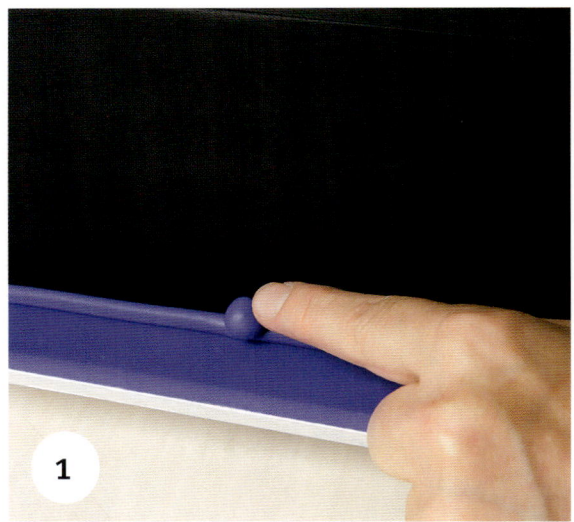

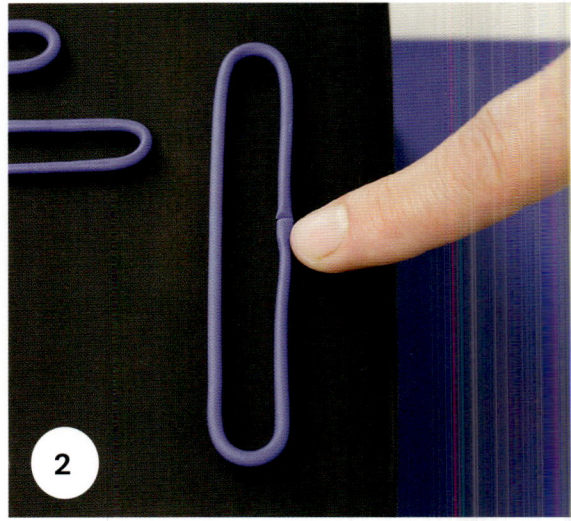

PRÄSENTIERPLATTE ÜBERZIEHEN

Die 600 g blauen oder violettfarbenen Fondant geschmeidig kneten, dann auf 3 mm Dicke ausrollen. Die Präsentierplatte gemäß den Anleitungen auf Seite 181 überziehen.

KUCHEN MIT GANACHE ÜBERZIEHEN

Hierfür die allgemeinen Anleitungen für die Zubereitung eines quadratischen Kuchens und das Überziehen mit Ganache auf Seite 31 befolgen.

KUCHEN MIT FONDANT ÜBERZIEHEN

Schwarzen Fondant geschmeidig kneten, dann auf 3 mm Dicke ausrollen. Die Anleitungen für das Überziehen eines quadratischen Kuchens mit Fondant auf Seite 35 befolgen.

RAND HERSTELLEN

100 g blauen oder violettfarbenen Fondant geschmeidig kneten. Mit einem Fondantglätter Fondant zu einer langen, dünnen Wurst rollen (s. S. 183), die um die Unterseite des Kuchens herum passt.

Einen Streifen Wasser um die Unterseite des Kuchens herumstreichen. Die Wurst vorsich-

tig um die Unterseite des Kuchens wickeln, dabei an der Hinterseite beginnen.

Den Treffpunkt der beiden Enden mit einer kleinen Kugel aus Fondant bedecken (1), dann Fondant sanft an den Kuchen drücken.

LABYRINTH MARKIEREN

Weitere 100 g blauen oder violettfarbenen Fondant geschmeidig kneten. Mit dem Fondantglätter Fondant zu kurzen Würsten verschiedener Größe ausrollen, um damit das Labyrinth zu gestalten. Die Ausgestaltung des Labyrinths ist vollkommen der eigenen Fantasie überlassen.

Auf der Oberfläche des Kuchens dort, wo die „Hindernisse" liegen sollen, dünne Wasserlinien aufstreichen. Die Würste vorsichtig in Position legen. Die Treffpunkte der Enden sauber abschneiden und mit den Fingern versäubern (2).

Anmerkung: Mit einer Tonpistole, sofern vorhanden, lassen sich die Würste bedeutend leichter und schneller herstellen, und die Würste werden sehr ebenmäßig.

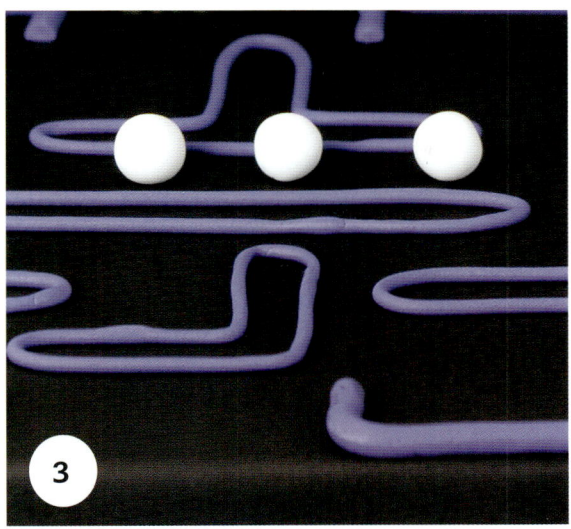

KÜGELCHEN HERSTELLEN

Weißen Fondant geschmeidig kneten. Mit dem Fondantglätter Fondant zu einer Wurst rollen. Die Wurst mit dem Messer in kleine gleiche Abschnitte zerschneiden. Jeden Abschnitt zu einer Kugel rollen, dann die Kugeln mit einem Tupfen Wasser auf dem Kuchen festkleben (3).

AUFSCHRIFT

Fondant in der gewählten Farbe geschmeidig kneten, dann auf 1 mm Dicke ausrollen. Mit dem Buchstabenausstecher die Aufschrift ausstechen.

Die Rückseite der Buchstaben mit etwas Wasser bestreichen und auf die Präsentierplatte kleben.

SCHNEEKAPPE

Denke ich an den Himmel, so ist er stets weiß, weich, luftig und voller Träume, ebenso wie dieser schlichte Kuchen. Wir verwenden hierfür das Rezept für italienische Buttercreme auf Seite 176. Ebenso geeignet ist das Rezept für Vanille-Buttercreme auf Seite 177, allerdings wird der Kuchen dann nicht so strahlend weiß.

DAS WIRD BENÖTIGT

ZUTATEN
Runder Kuchen, 22 cm
1,2 kg Italienische Buttercreme

ARBEITSMATERIAL
Abgewinkeltes Palettenmesser
Gezacktes Messer
Tortenplatte oder Tortenständer,
  35 cm Durchmesser
Kleines scharfes Küchenmesser
Backpapier

ZUBEREITUNG DER TORTE
Mit dem gezackten Messer die Oberfläche des Kuchens zu einer glatten Fläche versäubern. Den allgemeinen Anleitungen auf Seite 28 folgend, den Kuchen in drei gleiche Böden zerschneiden. Buttercreme auf den untersten und den mittleren Boden streichen und Torte zusammensetzen. Torte auf die Tortenplatte oder den Tortenständer setzen. Backpapier darunter stecken, um überlaufenden Guss aufzufangen.

KRUMENMANTEL HERSTELLEN
Eine dünne Buttercremeschicht auf die Oberseite und die Seiten der Torte verteilen, um die Krumen einzuschließen. 30 Minuten lang sehr kalt stellen, damit die Krumen sich nicht ihren Weg in die Buttercreme bahnen können.

GUSS AUFBRINGEN
Mit dem Palettenmesser die gesamte verbleibende Buttercreme auf die Oberseite der Torte häufen. Buttercreme von oben nach unten über die Seiten verteilen – so rau oder glatt wie gewünscht. Vor dem Servieren der Torte das Backpapier vorsichtig entfernen.

DEKORATION

LIEBE TORTENKÜNSTLER!

Habt ihr schon einmal mit Knete oder Lego gearbeitet? Die Figuren für eure Torte werden fast ebenso gefertigt, jedoch verwendet ihr dafür Zucker! Der Zucker, den ihr verwendet, heißt Fondant bzw. Rollfondant. Normalerweise werden damit Torten umhüllt. Fondant wird ebenso verarbeitet wie Knete. Allerdings ist er essbar, weshalb man auch Figuren daraus kneten kann, die auf die Torte gesetzt werden. Hier sind ein paar Geheimnisse, wie man die besten Tortenfiguren hinbekommt.

SCHRITT 1

Bitte einen netten Erwachsenen, dir bei der Beschaffung aller Zutaten behilflich zu sein. Lass dir von den Erwachsenen bei den Anweisungen helfen – vielleicht machen sie für dich sogar den Kuchen, auf dem deine tollen Figuren nachher stehen sollen.

SCHRITT 2

Denk dir deine eigenen Entwürfe aus.

- Überlege, für wen der Kuchen sein soll. Das Geheimnis einer Torte mit Zauberwirkung liegt darin, jeder Person eine ganz persönliche Torte zu machen. Daher muss man sich überlegen, was diese Person am liebsten mag. Hat sie ein besonderes Hobby? Oder eine Lieblingsfarbe?
- Bevor du anfängst, überlege dir, welche Figuren du machen möchtest. Du kannst sie aus den Vorschlägen in diesem Buch aussuchen oder selbst erfinden.
- Wenn du dich für deine Figuren entschieden hast, kannst du ihnen Namen geben und entscheiden, ob sie nett, frech, glücklich, schlafend oder ganz anders sein sollen. Du erfindest deine eigene kleine Geschichte – das ist der wichtigste Teil bei der Herstellung der Kuchenfiguren.
- Sprich mit einer erwachsenen Person darüber, welches Kuchenmodell du dir für deine Entwürfe ausgesucht hast.

SCHRITT 3

Sei ein Tortenkünstler
- Befolge mit der Hilfe einer erwachsenen Person die Anweisungen zur Herstellung deiner eigenen Kuchenfigur und zum Färben des Fondants.
- Wiege alle verschiedenen Teile für deine Figuren ab und lege sie zur Seite. Das ist sehr wichtig, weil du keine Beine haben möchtest, die zu lang sind, oder Köpfe, die zu klein sind. Die Mengen und Maße müssen daher genau eingehalten werden.
- Nun setzt du deine Kuchenfiguren Stück für Stück zusammen. Hierfür benötigst du einige Werkzeuge wie z.B. ein scharfes Messer und natürlich deine Finger!

SCHRITT 4

Schließlich benötigst du vor allem eines: Fantasie. Deine Kuchenfiguren sind deine Werke. Du musst genau entscheiden, wie sie aussehen sollen – es ist, als würde eine Geschichte wahr. Also, auf geht's!

ANMERKUNGEN FÜR ERWACHSENE

Die Figuren in diesem Buch sind so angelegt, dass sie personalisiert, verbessert oder verändert werden können. Die unten aufgeführten Grundregeln müssen jedoch beherzigt werden, wenn das Werk gelingen soll.

Wenn Figuren mit Kindern zusammen hergestellt werden, sollten die Kinder zum Improvisieren ermutigt werden. Auch sollten die Kinder den Figuren Namen geben. Kinder beziehen sich immer auf Gefühle, weshalb es für sie großartig ist, ein „glückliches" oder „freches" Monster anstatt einfach ein Monster zu schaffen.

ROLLFONDANT FÄRBEN

Beachten Sie beim Färben die Hinweise auf den Seiten 178–179. Pastenfarbe ist konzentrierter und daher intensiver in der Farbgebung als flüssige Lebensmittelfarben.

FONDANT MIT TYLOSE MISCHEN

Es empfiehlt sich, größere Mengen Fondant nach dem Färben mit Tylose zu mischen (s. S. 173), um sicherzustellen, dass die Masse beim Trocknen hart wird. Winzige Mengen Fondant, wie sie z.B. für Augen, Ohren usw. verwendet werden, müssen nicht mit Tylose gemischt werden. Andererseits ist die Tylose für Bauelemente der Figuren wie z.B. Körper, Arme und Beine unerlässlich. Das gilt vor allem bei Hitze und Feuchtigkeit. Tylose unbedingt hinzufügen, bevor der Fondant ausgemessen wird. Die Mengen unterliegen keiner genauen Angabe. Ein Stück Fondant von der Größe eines Golfballs leicht in der Tylose wenden, dann Tylose untermischen, wobei immer zu bedenken ist, dass zwar etwas hinzufügt, jedoch nichts mehr weggenommen werden kann. Als Faustregel für größere Mengen gilt 1 Teelöffel Tylose pro 450 g Fondant.

ZEITPLAN

Die Figuren müssen mindestens einen Tag vor dem Dekorieren hergestellt werden, um genügend Trockenzeit zu haben. Die Figuren können sogar Wochen im Voraus hergestellt werden.

IMMER VON EINER KUGEL AUSGEHEND ARBEITEN

Ich empfehle, bei allen unterschiedlichen Elementen den Fondant stets zuerst zu einer Kugel zu formen. Eine glatte, rissfreie Kugel ist der beste Ausgangspunkt für alle Umrisse. Darüber hinaus ist auf diese Weise sichergestellt, dass der Fondant durchgeknetet wurde und warm, weich und geschmeidig ist, was die Verarbeitung wesentlich vereinfacht.

STABILISIEREN DER FIGUREN

Rohe Spaghetti dienen dazu, Köpfe, Körperteile und stehende Figuren zu unterstützen. Wird der Kuchen nur von Erwachsenen genossen, eignen sich auch Zahnstocher.

PLATZIEREN DER FIGUREN

Die Figuren können entweder mit einem Tupfen Wasser auf den Kuchen geklebt oder mit rohen Spaghetti verankert werden.

AUFBEWAHREN DER FIGUREN

Figuren an einem kühlen, dunklen Ort aufbewahren – jedoch nicht im Kühlschrank, da sie dort „schwitzen" und unbrauchbar werden. Sie müssen trocken und vor Sonnenlicht geschützt aufbewahrt werden. Auch vor Feuchtigkeit müssen sie bewahrt werden.

FRECHE MONSTER

In einem verrückten Moment an einem Regentag bekam ich Lust, kreativ zu werden und meine eigenen Computerspiel-Charaktere zu erfinden; ich habe sie „Freche Monster" getauft. Das schönste an selbst erfundenen Charakteren ist die Möglichkeit, ihnen besondere Fähigkeiten und Eigenschaften zu geben, die man gern selbst hätte. Daher möchte ich keine anderen Videospielhelden neben mir haben als diese Kopfgestalten. Sie sind Siegertypen, denen keine Grenzen gesetzt sind. Ungehindert hüpfen sie vor und zurück, kreuz und quer über das Spielfeld und verarbeiten dabei ihre Feinde zu Kleinholz. Darüber hinaus haben sie Monstergaben und können mit ihren Krebsscheren ein ums andere Mal gnadenlos zupacken.

Die „Frechen Monster" sind Figuren, die im Videospiel durch ein Labyrinth streifen und dabei weiße Punkte verspeisen. Wenn sie im ersten Level alle weißen Punkte verputzt haben, kommen sie in das nächste Level, das neue Herausforderungen bereithält. Sie zwingen mit ihrem Blick ihre Feinde zu Boden und futtern sie mit ihren Reißzähnen auf, bis auch dieses Level bewältigt ist.

Für einen Computerspielfreak sind diese Figuren perfekt. Natürlich ist es kein Problem, eigene Computerfiguren aus Fondant in der selbst gewählten Farbe herzustellen. Bestimmt habt ihr noch bessere Ideen als ich! Videospiele sind fantastisch und unbegrenzt, also lasst eure Fantasie verrücktspielen.

DAS WIRD BENÖTIGT

ARBEITSMATERIAL

Mittlerer Künstlerpinsel
Beutel mit Zip-Verschluss
Kugelstab
Kleines Küchenmesser
Kleiner Rollstab

ZUTATEN FÜR 1 MONSTER

Tylose
10 g gefärbter Rollfondant (Boden)
70 g gefärbter Rollfondant (Körper)
1 erdnussgroße Kugel gefärbter Rollfondant (Nase)
je 1 erbsengroße Kugel gefärbter Rollfondant für Haare, Ohren und Augen
1 erbsengroße Kugel gefärbter Rollfondant in Kontrastfarbe (Augen)
je 1 erbsengroße Kugel schwarzer Rollfondant für Augen und Mund
1 erbsengroße Kugel roter Rollfondant (Mund)
1 erbsengroße Kugel weißer Rollfondant (Zähne)

FONDANT FÄRBEN

Wenn möglich, die Farben am Vortag mischen, damit sich intensive Farben besser verarbeiten lassen (s. S. 178–179).

ABMESSEN UND ROLLEN

Die für jedes Körperteil benötigte Menge abmessen und zu einer Kugel rollen. In einem Plastikbeutel mit Zip-Verschluss vor dem Austrocknen bewahren.

STANDFLÄCHE FÜR DEN KÖRPER

Die 10 g Fondant zu einer glatten Kugel rollen und diese auf ca. 5 mm Dicke flach drücken.

KÖRPER

Sicherstellen, dass die 70-g-Kugel Fondant glatt und weich ist. Die Kugel auf eine flache Oberfläche legen und unten leicht abflachen. Die Kugel, ohne sie hochzuheben, auf der Unterseite vor- und zurückrollen, um die Form einer Glühbirne herzustellen (1).

NASE

Zur Herstellung eines Elefantenrüssels eine erdnussgroße Kugel gefärbten Fondant zu einer Wurst rollen, dabei ein Ende dicker lassen als das andere. Die Länge des Rüssels könnt ihr selbst wählen (2). Beide Enden des Rüssels mit dem Finger abflachen. Nun das dickere Ende des Rüssels mit einem Tupfen Wasser an das Monster kleben.

HAAR

Das Haar kann so verrückt sein wie es dir gefällt. Um ein Horn herzustellen, eine erbsengroße Kugel aus gefärbtem Fondant zu einer kurzen Wurst rollen, dann ein Ende zu einem dünnen Punkt rollen. Mit einem Tupfen Wasser an das Monster kleben (3).

OHR

Eine erbsengroße Kugel Fondant zwischen den Fingern abflachen. In eine Seite mit dem Finger oder einem Kugelstab eine Mulde drücken. Mit einem Tupfen Wasser an den Kopf kleben (4).

AUGEN

Die erdnussgroße Kugel des gefärbten Fondants zu zwei kleinen Kugeln rollen und diese zwischen den Fingern abflachen. Mit einem Tupfen Wasser an das Gesicht kleben. Aus dem mit der Kontrastfarbe gefärbten Fondant zwei kleinere Kugeln rollen und den Vorgang wiederholen. Für die Pupillen zwei kleine Kugeln aus der erbsengroßen Kugel aus schwarzem Fondant rollen und diese abflachen. Mit einem Tupfen Wasser als Pupille auf jedes Auge kleben (5).

MUND

Brüllendes, offenes Maul: Die erdnussgroße Kugel schwarzen Fondants auf 2 mm Dicke rollen. Mit einem kleinen Messer eine Mundform deiner Wahl ausschneiden: rund, oval, weiße Bohne, eckig. Mit einem Tupfen Wasser an das Monster kleben. Zur Herstellung der Lippen den roten Fondant zu einer sehr dünnen Wurst rollen, dann mit einem Tupfen Wasser an den Mund kleben.

Gerade Zähne: Die Kugel aus weißem Fondant auf 2 mm Dicke ausrollen und zu einem Viereck schneiden. Auf dem Viereck zwei große Zähne markieren. Die Zähne mit einem winzigen Tupfen Wasser auf den Mund kleben (6).

Lange Zähne: Reiskorngroße Kugeln aus weißem Fondant zu Würsten rollen. Sanft in Form drücken, sodass sie flache Rücken und spitze oder eckige Enden haben. Mit einem Tupfen Wasser auf den Mund kleben.

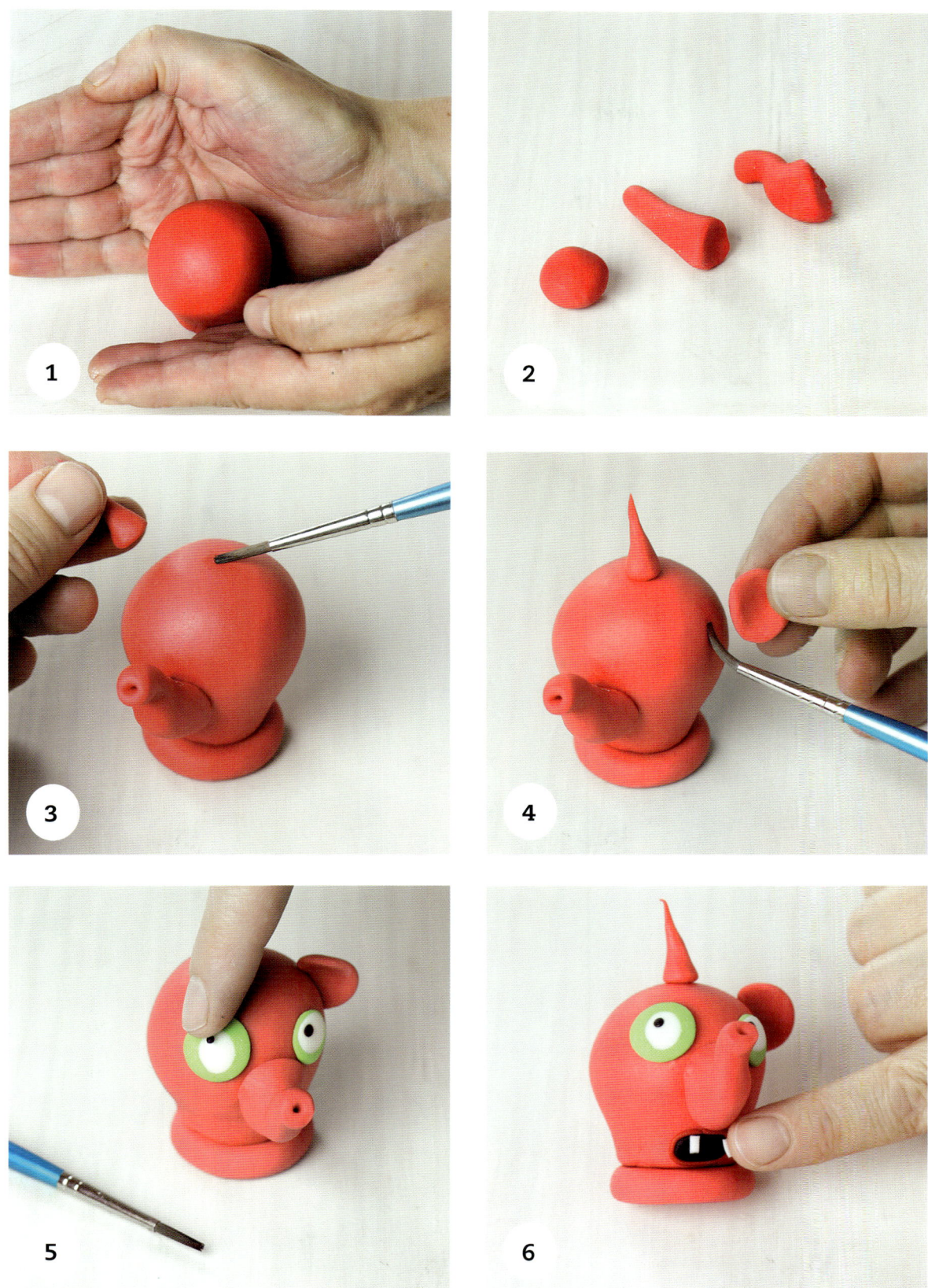

BABYDRACHE

Wenn man dir einen Babydrachen schenkte, würdest du ihn behalten? Ich habe mich das oft gefragt, denn ich würde gern einen Babydrachen besitzen. Andererseits würde er wie alle Babys heranwachsen und wäre vielleicht am Ende größer als ein Bus und würde gar Feuer speien – und erst die Riesenportionen, die er zum Frühstück verdrücken würde!

Wenn du aber Märchen, Zauberer und Zaubersprüche magst, dann ist der Babydrache ein wunderbares Geschenk. Nun muss ich dir aber noch etwas über diesen besonderen Drachen erzählen. Rote Drachen wie diese erscheinen in Form chinesischer Feuerbälle – das erkennt man nicht nur an ihrer roten Farbe und ihren goldenen Eiern; sie befinden sich auch meistens in der Gesellschaft von Zauberern und verfügen über Zauberkräfte.

Jedoch wäre es möglich, dass du einen ganz anderen Drachen machen möchtest. Die Auswahl ist schwierig, da einige Drachen sehr freundlich und andere echte wilde Kerle sind, aber zum Glück verfügen alle über fabelhafte Talente und besondere Fähigkeiten.

Wenn du also jemandem ein märchenhaftes Geschenk machen möchtest, dann fertige einen Babydrachen. Du wirst damit ganz bestimmt für helle Aufregung sorgen. Du solltest nur nicht versäumen darauf hinzuweisen, was passiert, wenn der Babydrache heranwächst!

ARBEITSMATERIAL

Plastikbeutel mit Zip-Verschluss
Kleines Küchenmesser
Mittlerer Malpinsel
Modellierstab
1 Ei aus Styropor oder eine
   Ostereiform
Kleiner Rollstab
Rohe Spaghetti

ZUTATEN FÜR 1 DRACHEN

Tylose
100 g roter Rollfondant für Körper
   (20 g), Schwanz (10 g), Beine
   (12 g), Arme (8 g) und Kopf (50 g)
1 erbsengroße Kugel weißer Rollfondant (Augen)
1 erbsengroße Kugel schwarzer
   Rollfondant (Augen)
1 erdnussgroße Kugel roter Rollfondant (Flügel)
1 erdnussgroße Kugel weißer Rollfondant (Klauen)

DAS WIRD BENÖTIGT

ZUTATEN – EI

100 g weißer Rollfondant
  (Eierschale)
Essbarer Goldpuder
Alkohol

FONDANT FÄRBEN

Wenn möglich, die Farben am Vortag mischen, damit sich intensive Farben besser verarbeiten lassen (s. S. 178–179).

ABMESSEN UND ROLLEN

Die für jedes Körperteil benötigte Menge abmessen und zu einer Kugel rollen. In einem Plastikbeutel mit Zip-Verschluss vor dem Austrocknen bewahren.

KÖRPER

Mit dem Körper beginnen, da alle anderen Körperteile an den Körper angefügt werden. Die 20 g roten Fondant zu einer glatten und rissfreien Kugel rollen. Die Kugel zwischen den Händen in Erbsenform rollen, dann mit der Unterseite auf eine flache Arbeitsoberfläche setzen.

Nun kommt der spannende Teil: Mit den Fingern dreimal in den Rücken des Drachenkörpers zwicken, um die Drachendornen zu formen (1). Dann mit dem Rücken eines Messers Linien in den Drachenbauch kerben.

SCHWANZ

Die 10 g roten Fondant zu einer glatten, rissfreien Kugel rollen. Die Kugel in Kegelform auf einer flachen Arbeitsoberfläche zu einem Kegel rollen. Die Spitze des Kegels viermal kneifen, so wie du es mit dem Drachenrücken gemacht hast, um die Dornen zu formen.

Das dicke Ende des Kegels mit dem Finger abflachen, dann mit einem Tupfen Wasser an den Rücken des Drachens kleben (2).

BEINE

Die 12-g-Kugel aus rotem Fondant zu einer Wurst rollen. Mit einem scharfen Messer die Wurst in der Mitte schräg durchschneiden. Die Schrägstelle bildet das Hüftgelenk – diese Stelle weich drücken, dann die Beine mit einem Tupfen Wasser an den Drachen kleben. Die Füße mit den Fingern in Position kneten (3).

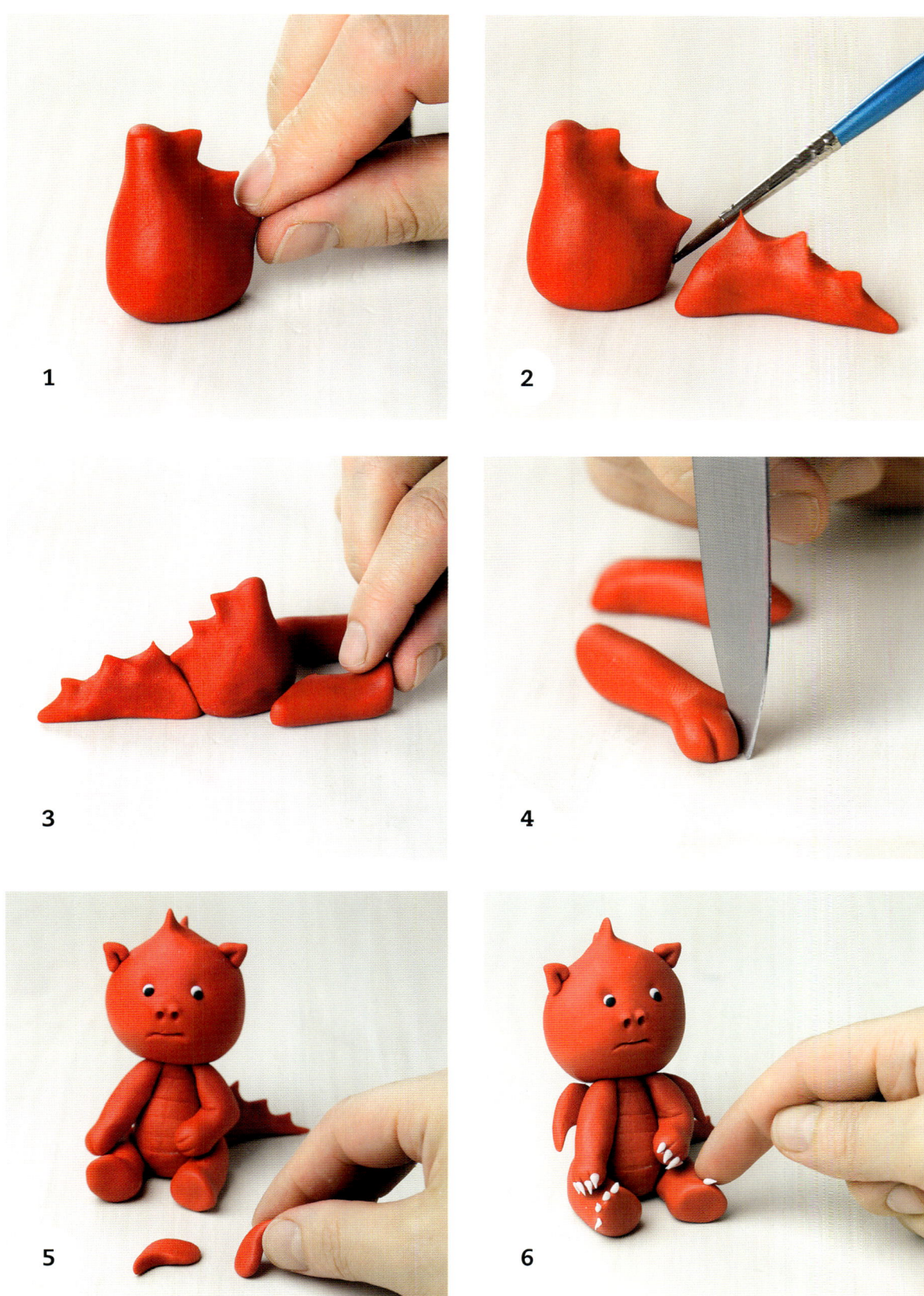

1

2

3

4

5

6

ARME

Die 8-g-Kugel aus weißem Fondant zu einer Wurst rollen. Mit einem scharfen Messer die Wurst in der Mitte schräg durchschneiden. Mit dem Messerrücken zwei Linien in jeden Arm für die Finger kerben (4).

Die Arme mit einem Tupfen Wasser an den Drachen kleben. Wenn du einen gebeugten Arm möchtest, verwende das Messer, um einen Ellenbogen einzukerben.

KOPF

Die 50-g-Kugel aus rotem Fondant zu einer glatten, rissfreien Kugel rollen. Die Kugel auf eine flache Arbeitsoberfläche legen und leicht abflachen. Fünf Dornen entlang des Kopfes einkneifen, darauf achten, dass sie dieselbe Form und Größe wie auf dem Rücken des Drachens haben.

Zwei 10 cm lange Stücke aus rohen Spaghetti halb in die untere Kopfseite stecken. Den Kopf auf dem Körper befestigen, indem die Spaghettistücke, die herausschauen, in den Körper gesteckt werden.

AUGEN UND GESICHT

Mit dem Modellierstab oder mit dem Ende eines Malpinsels zwei kleine Mulden als Augenhöhlen in den Kopf drücken. Aus der erbsengroßen Kugel aus weißem Fondant zwei kleine Kugeln rollen und diese als Augen in die Augenhöhlen setzen. Zwei kleinere Kugeln aus der erbsengroßen Kugel aus schwarzem Fondant rollen und als Pupillen auf die Augen setzen.

Mit dem Modellierstab zwei Nasenlöcher eindrücken. Mit dem Messerrücken einen Mund einkerben.

FLÜGEL

Die erdnussgroße Kugel aus rotem Fondant in zwei gleichgroße Stücke aufteilen. Jedes Stück zu einer Kugel rollen. Durch sanftes Rollen auf einer Seite die Kugeln zu Tropfen formen. Jeden Tropfen mit dem Finger abflachen, sodass kleine Flügel entstehen (5). Die Flügel mit einem Tupfen Wasser am Rücken des Drachens festkleben.

KLAUEN

Die erdnussgroße Kugel aus weißem Fondant in acht gleiche Teile aufteilen. Jedes dieser Teile nochmals in der Mitte durchteilen. Jedes Stück sanft zu einem winzigen Kügelchen rollen und an einer Seite einkneifen, damit sie spitz zulaufen.

Die flacheren Enden der Klauen vorsichtig an den Händen und Füßen des Drachens anbringen – vier Klauen pro Hand und Fuß (6).

DRACHENEI
Fondant mischen
Weißen Fondant mit Tylose mischen (s. S. 93) und auf 2 mm Dicke ausrollen.

Oval schneiden
Den weißen Fondant in eine ovale Form schneiden, die der Form und Größe entspricht, die das Ei aus Styropor oder die Ostereiform hat.

Die Form überziehen
Bei Verwendung eines Styropor-Eis das halbe Ei mit Fondant überziehen. Bei Verwendung einer Form für Schoko-Eier die Form mit Fondant auskleiden. Mindestens 1 Tag lang trocknen lassen.

Kanten markieren
Die getrocknete Eierschale vorsichtig aus der Form nehmen. Die Schale entweder ganz lassen oder in kleinere Stücke mit gezackten Kanten zerbrechen (1), damit das Ei aussieht, als sei der Drache gerade geschlüpft.

Das Ei bemalen
Das essbare Goldpuder mit etwas Alkohol anrühren (2) und die Eierschale damit bemalen.

COOLE RATTEN

Wenn ich in meiner Backstube einer Ratte begegnen würde, würde ich lauthals schreien und auf meinem Handy die Notrufnummer des Kammerjäger wählen. In Geschichten haben Ratten jedoch jenen außergewöhnlichen Geruchs- und Geschmackssinn und die Liebe zu Nahrungsmitteln, was sie in aller Welt zu berühmten Chefköchen macht.

Da sie die „Chefs" in der Küche sind, haben sie stets eine Menge zu tun. Die kleinste unserer coolen Ratten ist Konditor und zuständig für Kuchen, Desserts und andere Süßigkeiten. Ein Konditor stellt Zuckerfiguren, Hochzeitstorten und Pralinen her. Um Kuchen und Desserts herzustellen, die ebenso gut aussehen wie sie schmecken, muss er ein wahrer Künstler sein. Alle, die in meiner Werkstatt Kuchen und Torten herstellen, sind Konditoren.

Alle Köche müssen Kochkleidung tragen. Die hohe Kochmütze ist seit Jahrhunderten in Gebrauch, und manchmal zeigt die Höhe der Kochmütze an, wie wichtig ihr Träger ist.

Wenn jemand, den du kennst, davon träumt Koch zu werden oder bereits ein toller Koch ist, dann eignen sich diese Figuren ganz besonders gut. Versuche, auch einige Leibspeisen oder Dinge, welche der oder die Beschenkte gern kocht, einzubeziehen. Sofern es sich um eine Köchin handelt, könntest du sogar eine rosa Schleife auf die Kochmütze setzen.

ARBEITSMATERIAL
Plastikbeutel mit Zip-Verschluss
Kleines Küchenmesser
Mittlerer Malpinsel
Modellierstab
Kugelstab
Rche Spaghetti

ZUTATEN – 1 COOLE RATTE
Tylose
80 g brauner Rollfondant für Körper
 (60 g) und Kopf (20 g)
2 erdnussgroße Kugeln brauner
 Rollfondant (Beine)
2 erdnussgroße Kugeln rosafarbener Rollfondant
je 1 traubengroße Kugel brauner
 und rosafarbener Rollfondant
je 1 erbsengroße Kugel weißer,
 schwarzer, rosafarbener
 Rollfondant
2 erbsengroße Kugeln brauner
 Rollfondant
20 g weißer Rollfondant (Kochmütze)
60 g gelber Rollfondant (Käse)

FONDANT FÄRBEN

Wenn möglich, die Farben am Vortag mischen, damit sich intensive Farben besser verarbeiten lassen (s. S. 178–179).

ABMESSEN UND ROLLEN

Die für jedes Körperteil benötigte Menge abmessen und zu einer Kugel rollen. In einem Plastikbeutel mit Zip-Verschluss vor dem Austrocknen bewahren.

KÖRPER

Die 60-g-Kugel aus braunem Fondant zu einem Kegel rollen und mit dem breiten Ende nach unten auf eine flache Arbeitsoberfläche setzen.

BEINE

Jede erdnussgroße Kugel aus braunem Fondant flach drücken. Mit einem Tupfen Wasser an der Unterseite vorn an den Körper kleben.

FÜSSE

Eine erdnussgroße Kugel des rosafarbenen Fondants in der Mitte durchschneiden. Jede Hälfte zu einer Kugel rollen. Jede Kugel in Tropfenform bringen, indem sie sanft zu einer Seite dünner gerollt wird. Die Tropfenform mit den Fingern abflachen, um zwei Füße daraus zu formen. Mit einem Messer drei Zehen in jeden Fuß kerben (1). Die Zehen sanft mit den Fingern rollen und glätten. Die Füße mit einem Tupfen Wasser flach an die Beine kleben. Mit den Fingern die Zehen ausformen.

ARME

Die traubengroße Kugel aus braunem Fondant zu einer Wurst rollen. Mit einem Messer die Wurst schräg in der Mitte durchschneiden. Die Arme mit einem Tupfen Wasser an der Ratte ankleben.

FINGER

Die andere erdnussgroße Kugel aus rosafarbenem Fondant in der Mitte durchschneiden. Jede Hälfte zu einer Kugel rollen. Bei jeder Kugel ein Ende sanft dünner rollen, um eine Tropfenform zu erhalten. Die Tropfenform mit dem Finger abflachen, um eine Hand zu erhalten. Mit einem Messer in jede Hand vier Finger kerben. Die Finger sanft rollen und glätten. Die Hände mit einem Tupfen Wasser an die Enden der Arme kleben (2).

KOPF

Die 20-g-Kugel aus braunem Fondant zu einer glatten und rissfreien Kugel rollen. In Erbsenform mit spitz zulaufendem Ende rollen. In beide Hände nehmen und das spitz zulaufende Ende der Erbsenform hochbiegen (3), um die Rattennase zu formen.

Mit dem Messerrücken am unteren Ende der Nase eine Linie von oben nach unten ziehen, dann eine Querlinie ziehen, um den Mund zu formen.

AUGEN

Mit dem Modellierstab oder dem Ende eines Pinsels zwei Augenhöhlen in den Kopf drücken. Zwei kleine Kugeln aus der erbsengroßen Kugel aus weißem Fondant rollen und in die Augenhöhlen drücken. Zwei kleinere Kugeln aus der erbsengroßen Kugel aus schwarzem Fondant rollen und als Pupillen auf die Augen kleben.

OHREN

Die beiden erbsengroßen Kugeln aus braunem Fondant zu Kegeln formen. Jeden Kegel leicht abflachen, dann mit dem Modellierstab eine kleine Mulde eindrücken. Die Ohren mit einem Tupfen Wasser an die Seiten des Kopfes kleben.

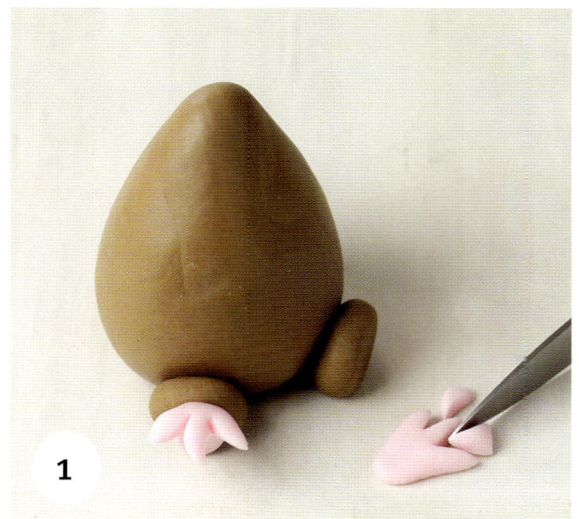

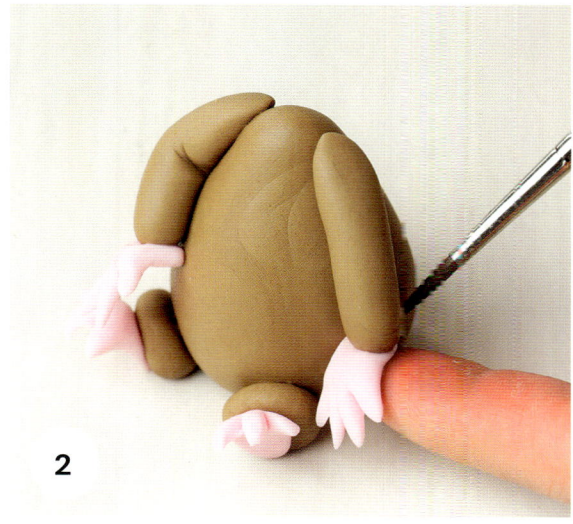

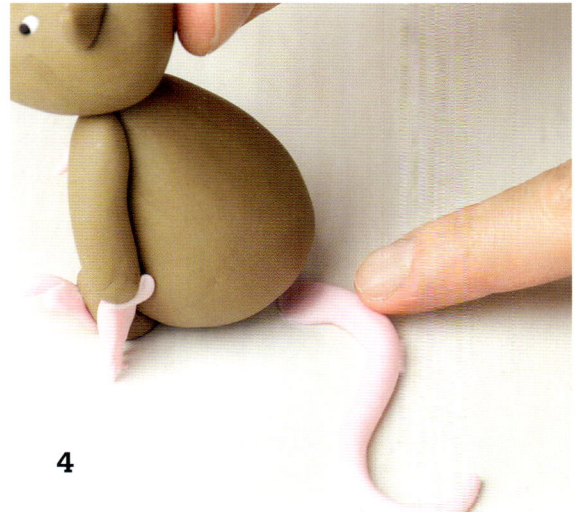

NASE

Eine Seite der erbsengroßen Kugel aus rosafarbenem Fondant einkneifen, um einen Nasenumriss zu erhalten. Die Nase mit einem Tupfen Wasser in das Gesicht kleben.

SCHWANZ

Die traubengroße Kugel aus rosafarbenem Fondant zu einer langen, dünnen Wurst ausrollen. Mit dem Finger an einer Seite abflachen (4). Mit einem Tupfen Wasser unter den Körper kleben.

KOCHMÜTZE

Die 20-g-Kugel aus weißem Fondant mit den Fingern halb vor- und zurückrollen, sodass eine spitz zulaufende Unterseite sowie bei einer Glühbirne entsteht. Mit der Rückseite des Messers Linien auf der Oberfläche der Mütze einritzen.

KÄSE

Mit den Fingern die Kugel aus gelbem Fondant zu einem Dreieck formen. Mit dem schmalen Ende des Kugelstabs einige Mulden wie bei einem Schweizer Käse eindrücken.

HIP-HOP-KRAKEN

Ziemlich cool, diese Burschen. Sie eignen sich für Menschen, die Rap oder Hip-Hop oder einfach Kraken mögen. Mein Bruder Milo z. B. hätte Freude an diesen Figuren; er liebt Musik, fährt Skateboard wie der Teufel und gibt sich gern als Schlaumeier.

Wenn du einen Freund, Bruder oder eine Schwester hast, die du cool findest, kannst du die Farbe seiner oder ihrer Lieblingskleidung für die Kraken wählen. Lass deine Fantasie spielen und füge Dinge wie Skateboards, Musikmischpulte oder Sonnenbrillen hinzu.

Was ist von Kraken zu halten? Eigentlich sind sie ja zum Fürchten – wusstest du, dass manche Leute sie als Haustiere halten? Ich war ein bisschen schockiert zu erfahren, dass es ihnen recht häufig gelingt, aus ihrem Aquarium zu entfliehen, weil sie gut Probleme lösen können und sehr bewegliche Körper haben.

In Kraken steckt also einiges mehr als mit dem Auge zu erkennen ist. Sie sind superschlau und äußerst zäh. Wenn du also einen supercoolen Typen beschenken möchtest, dann sind die Kraken genau das Richtige – im Übrigen sind die Kraken recht einfach herzustellen.

Also, mach aus ihnen, was immer dir in den Sinn kommt.

DAS WIRD BENÖTIGT

ARBEITSMATERIAL

Plastikbeutel mit Zip-Verschluss
Kleines Küchenmesser
Modellierstab
Mittlerer Malpinsel
Kleiner Rollstab

ZUTATEN FÜR 1 KRAKE

Tylose
90 g gefärbter Rollfondant für Körper (70 g) und Beine (20 g)
je 1 erbsengroße Kugel weißer und schwarzer Rollfondant (Augen)
1 erdnussgroße Kugel rosafarbener Rollfondant (Zunge, optional)
1 erbsengroße Kugel roten Rollfondant (Lippen, optional)
1 erbsengroße Kugel weißer Rollfondant (Zähne, optional)
1 erdnussgroße Kugel gefärbter Rollfondant (Haar)

FONDANT FÄRBEN

Wenn möglich, die Farben am Vortag mischen, damit sich intensive Farben besser verarbeiten lassen (s. S. 178–179).

ABMESSEN UND ROLLEN

Die für jedes Körperteil benötigte Menge abmessen und zu einer Kugel rollen. In einem Plastikbeutel mit Zip-Verschluss vor dem Austrocknen bewahren.

KÖRPER

Darauf achten, dass die 70-g-Kugel aus gefärbtem Fondant glatt und rissfrei ist. Auf einer flachen Arbeitsoberfläche leicht abflachen.

BEINE

Darauf achten, dass die 20-g-Kugel aus gefärbtem Fondant glatt und rissfrei ist. Zu einer Wurst rollen und mit einem Messer in sechs gleichgroße Stücke schneiden. Jedes Stück zu einer Wurst mit spitz zulaufenden Enden von ca. 7 cm Länge ausrollen. Die Beine je nach Wunsch biegen (1), am Ansatzpunkt weich drücken und mit einem Tupfen Wasser an den Körper kleben.

AUGEN

Mit dem Modellierstab Augenhöhlen in den Kopf drücken (2). Zwei kleine Kugeln aus der erbsengroßen Kugel aus weißem Fondant formen und als Augäpfel in die Höhlen setzen. Zwei kleinere Kugeln aus schwarzem Fondant formen und als Pupillen aufsetzen.

MUND

Ausgestreckte Zunge (Variante 1): Solange der Fondant auf dem Krakengesicht noch weich ist, mit dem Modellierstab eine Mundöffnung eindrücken. Für die Zunge die erdnussgroße Kugel aus rosafarbenem Fondant in die Form einer dicken Bohne bringen und flach drücken. Eine Seite zu einer glatten Kante schneiden. Die flache Kante mit einem Tupfen Wasser im Mund festkleben (3). Mit einem Modellierstab oder dem Rücken eines Messers auf der Zunge eine Mittellinie ziehen.

Lippen (Variante 2): Die erbsengroße Kugel aus rotem Fondant zu einer Wurst rollen. Mit dem Messer oder den Fingern die gewünschte Lippenform herstellen. Mit einem Tupfen Wasser auf den Krakenkörper kleben.

Zähne (Variante 3): Die erbsengroße Kugel aus weißem Fondant auf 2 mm Dicke ausrollen. Mit einem Messer in ein Viereck schneiden, dann eine Mittellinie vorn auf dem Viereck markieren, sodass es aussieht wie zwei große Schneidezähne. Viereck mit einem Tupfen Wasser in das Gesicht kleben (4).

HAARE

Haarbüschel (Variante 1): Mehrere kleine Kugel oder einen Pferdeschwanz aus der erdnussgroßen Kugel aus gefärbtem Fondant formen. Verzwirbeln oder mit dem Modellierstab markieren, sodass es aussieht wie geflochten, dann mit einem Tupfen Wasser an den Kopf kleben (5). Der Pferdeschwanz kann mit einem Schleifenband verziert werden. Hierfür ein winziges Rechteck aus Fondant formen, in der Mitte platt drücken, auf dem Pferdeschwanz eine Kerbe ritzen und das Band mit einem Tupfen Wasser in der Kerbe festkleben.

Haarschopf (Variante 2): Die kleine Kugel aus gefärbtem Fondant glatt rollen und dann zu einer Scheibe abflachen. Mit einem Tupfen Wasser auf dem Kopf festkleben. Mit dem Rücken eines Messers oder dem Modellierstab Haarwellen einkerben (6).

KLEINE GREIFER

Wusstest du, dass am Meer manche Kinder schon eine Ausbildung als Rettungsschwimmer haben? Auf Englisch werden sie „Nipper" genannt in Anlehnung an die Scheren, die manche Schalentiere haben, um Nahrung aufzupicken oder dich zu zwicken. So kam mir die Idee, diese Figuren „Kleine Greifer" zu nennen und sie als Hummer darzustellen.

Ein Rettungsschwimmer ist ein ausgebildeter freiwilliger Helfer, der an unseren Stränden aufpasst, dass niemand ertrinkt. Rettungsschwimmer haben eine Reihe wichtiger Aufgaben zu bewältigen wie Lebensrettung, Erste Hilfe und Beobachtung der Küste, um zu sehen, ob das Schwimmen sicher ist. Im Notfall lösen sie einen Alarm aus, z.B. wenn sie einen Hai sichten, was gottlob nur sehr, sehr selten vorkommt.

Wenn du den Strand magst oder jemanden kennst, der gern am Strand ist, dann sind diese Figuren für diesen Menschen bestens geeignet. Wenn du deine Torte überreichst, kannst du die beschenkte Person ja daran erinnern, am Strand immer Sonnencreme aufzutragen, damit ihre Haut nicht so rot endet wie ein Hummer!

ARBEITSMATERIAL

Plastikbeutel mit Zip-Verschluss
Kleines Küchenmesser
Mittlerer Malpinsel
Modellierstab
Großer Plastiktrinkhalm
Zahnstocher
Styropor
Rohe Spaghetti

ZUTATEN – 1 HUMMER

Tylose
60 g orangefarbener Rollfondant (Körper)
6 erbsengroße Kugeln orangefarbener Rollfondant (Beine)
2 traubengroße Kugeln orangefarbener Rollfondant (Scheren)
2 erdnussgroße Kugeln orangefarbener Rollfondant (Augen)
1 erdnuss- und 1 erbsengroße Kugel weißer und schwarzer Rollfondant (Augen)

FONDANT FÄRBEN

Wenn möglich, die Farben am Vortag mischen, damit sich intensive Farben besser verarbeiten lassen (s. S. 178–179).

ABMESSEN UND ROLLEN

Die für jedes Körperteil benötigte Menge abmessen und zu einer Kugel rollen. In einem Plastikbeutel mit Zip-Verschluss vor dem Austrocknen bewahren.

KÖRPER

Die 60-g-Kugel aus dem orangefarbenen Fondant in die Form eines Eishörnchens von ca. 9 cm Länge rollen. Mit dem Messer das dünne Ende des Hörnchens ca. 2 cm weit aufritzen (1). Nun die beiden entstandenen Enden als Füße nach außen biegen.

Mit dem Messerrücken die Vorderseite des Hummerkörpers mit Querlinien versehen, um den Bauch zu formen (2).

Den Hummer aufrecht hinstellen. Einen Zahnstocher von oben nach unten durch die Mitte des Hummers stecken (der Zahnstocher wird später entfernt und durch einen rohen Spaghetti ersetzt, wenn der Hummer auf den Kuchen gesteckt wird). Den Körper zum Trocknen auf ein Stück Styropor stecken.

BEINE

Die sechs erbsengroßen Kugeln aus orangefarbenem Fondant in Tropfenform rollen. Für ein gebogenes Bein den Rücken eines Messers gegen das Bein halten und eine Beuge falzen. Die Beine mit einem Tupfen Wasser an die Unterseite des Körpers kleben (3).

SCHEREN

Die beiden traubengroßen Kugeln aus orangefarbenem Fondant in Tropfenform rollen, dann gleichmäßig abflachen. Das breite Ende einschneiden und auseinander biegen, um Scheren zu formen (4). Die Scheren mit einem Tupfen Wasser oben am Körper befestigen.

MUND

Für den Mund einen großen Plastiktrinkhalm oder die breite Öffnung einer Spritztülle nehmen und sanft gegen den Kopf drücken, um den Mund zu formen (5).

AUGEN

Die beiden erdnussgroßen Kugeln aus orangefarbenem Fondant zu glatten Kugeln rollen. Mit dem Modellierstab in jede Kugel ein Loch drücken. Aus der erdnussgroßen Kugel aus weißem Fondant zwei Kugeln formen und zwischen den Fingern flach drücken. In die Augenhöhlen drücken. Aus dem erbsengroßen Ball aus schwarzem Fondant zwei kleinere Kugeln formen und zwischen den Fingern flach drücken. Mit einem Tupfen Wasser auf die weißen Augäpfel kleben (6) – je verrückter desto besser!

Die Augen mit einem Tupfen Wasser auf den Kopf des Hummers kleben.

MR DONUT & FRIENDS

Wie wäre dir zumute, wenn du ein Donut wärst und wüsstest, dass du gleich verspeist wirst? Ganz schön ungemütlich, nehme ich an! Aber wenn du eine Kuchenfigur mit der fantastischen Persönlichkeit des Mr Donut wärst, wären die Menschen sicherlich begeistert, wenn du ein wenig bei der Party zu Gast bleiben würdest!

Diese Kuchenfiguren sind perfekt für alle, die gern essen. Mein Papa LIEBT Hamburger und daher stammt die Idee zu Harry dem Hamburger. Meine Leibspeise sind Hotdogs und deshalb haben auch sie ihren Platz.

Wenn du dein Lieblingsessen zur Kuchenfigur machst, überlege dir, welche Persönlichkeit sie haben würde. Zum Beispiel glaube ich, dass ein Donut immerzu Witze erzählt und viel lacht, und ein Hotdog wahrscheinlich ein Sportliebhaber wäre, weil Hotdogs stets bei Sportveranstaltungen zugegen sind – und ein Hamburger geht bestimmt gern einkaufen, weil ich gerade im Einkaufscenter ziemlich häufig einen Hamburger verspeise.

Diese Figuren sind einfach lustig und bringen Freude. Sie sind perfekt für den ultimativen Geburtstagskuchen. Stell dir vor: Kuchen, Donuts, Hamburger und Hot Dogs – alle Dinge, die du liebst, auf einem Kuchen!

ARBEITSMATERIAL
Kleines Küchenmesser
Mittlerer Malpinsel
Plastikbeutel mit Zip-Verschluss
Modellierstab
Rundausstecher, Palettenmesser
Spritzbeutel und Tülle
Kleiner Rollstab

ZUTATEN – 1 DONUT
Tylose
50 g brauner Rollfondant (Donut)
Royal Icing (Donut Glasur), in
    deiner Lieblingsfarbe
Zuckerperlen (Dekoration)
2 x 5 g Kugeln aus schwarzem
    Rollfondant (Füße)
2 erbsengroße Kugeln aus
    weißem und 1 aus schwarzem
    Rollfondant (Augen)

ZUTATEN – 1 HOT DOG
60 g hellbrauner Rollfondant
    (Brötchen)

DAS WIRD BENÖTIGT

25 g dunkelrosa Rollfondant
(Würstchen)

10 g roter Rollfondant (Sauce)

2 x 5 g Kugeln aus schwarzem Rollfondant (Füße)

2 erbsengroße Kugeln aus weißem
und 1 aus schwarzem Rollfondant (Augen)

ZUTATEN – 1 HAMBURGER

2 x 30 g Kugeln aus hellbraunem
Rollfondant (Brötchen)

12 g roter Rollfondant (Tomate)

12 g grüner Rollfondant (Salatblatt)

12 g brauner Rollfondant (Fleisch)

1 erdnussgroße Kugel aus weißem
Rollfondant (Zähne)

1 erbsengroße Kugel aus weißem
und 1 aus schwarzem Rollfondant (Augen)

10 g roter Rollfondant (Kappe)

2 x 5 g schwarzer Rollfondant
(Füße)

Donut

Fondant färben: Wenn möglich, die Farben am Vortag mischen, damit sich intensive Farben besser verarbeiten lassen (s. S. 178–179).

Abmessen und rollen: Die für jedes Körperteil benötigte Menge abmessen und zu einer Kugel rollen. In einem Plastikbeutel mit Zip-Verschluss vor dem Austrocknen bewahren.

Donut: Eine Kugel aus den 50 g hellbraunem Fondant rollen, darauf achten, dass die Kugel weich, glatt und rissfrei ist. Die Kugel auf eine flache Oberfläche legen und auf die Dicke eines Donuts drücken. Mit dem Finger ein Loch in die Mitte bohren und die Innenseiten glatt streichen (1). Trocknen lassen.

Glasur: Royal Icing mischen und färben. Hierfür die Lebensmittelfarbe in sehr kleinen Mengen hinzufugen und mit einem Palettenmesser auf einem Brett oder einem Teller vermischen. Die Farbe nicht zu dunkel werden lassen, da sie beim Trocknen nachdunkeln wird.
  Die Glasur entweder mit dem Spritzbeutel aufspritzen oder mit dem Palettenmesser aufstreichen. Solange das Royal Icing noch feucht ist, Zuckerperlen aufsprenkeln. Trocknen lassen.

Füße: Die beiden 5-g-Kugeln aus schwarzem Fondant zu Ovalen ausrollen und flach drücken. Nun das Ende eines jeden Ovals mit dem Finger flach drücken, damit es unter den Körper passt (2). Die Füße mit einem Tupfen Wasser unter den Körper kleben.

Augen: Die beiden erbsengroßen Kugeln aus weißem Fondant flach drücken. Mit dem Modellierstab in jede der Kugeln Augenhöhlen drücken. Die erbsengroße Kugel aus schwarzem Fondant zu zwei kleine Kugeln rollen und diese in die Augenhöhlen drücken. Je verrückter desto besser! Die Augen mit einem Tupfen Wasser auf den Donut kleben (3). Trocknen lassen.

1

3

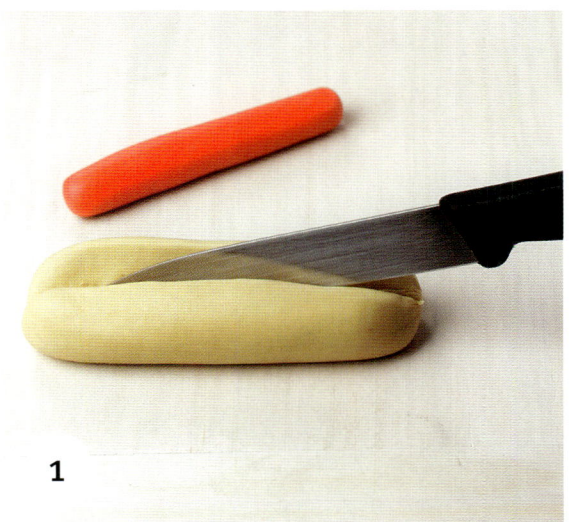

1

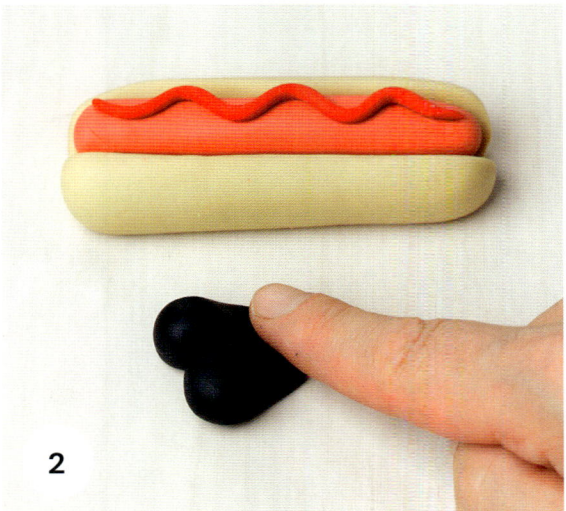

2

Hot dog

Fondant färben: Wenn möglich, die Farben am Vortag mischen, damit sich intensive Farben besser verarbeiten lassen (s. S. 178–179).

Abmessen und rollen: Die für jedes Körperteil benötigte Menge abmessen und zu einer Kugel rollen. In einem Plastikbeutel mit Zip-Verschluss vor dem Austrocknen bewahren.

Brötchen: Die 60-g-Kugel aus hellbraunem Fondant zu einer dicken Wurst rollen. Die

Wurst mit einem scharfen Messer auf einer Seite aufschlitzen, dann aufklappen (1).

Würstchen: Die Kugel aus dem dunkelrosafarbenen Fondant zu einer Wurst rollen, die etwas kürzer ist als das Brötchen. Das Würstchen in das Brötchen legen und mit einem Tupfen Wasser befestigen.

Sauce: Die Kugel aus rotem Fondant zu einer dünnen Wurst ausrollen. So auf das Würstchen legen, dass es wie eine Schlangenlinie aus Sauce aussieht; mit einem Tupfen Wasser befestigen. Die Enden mit einem Messer kappen.

Füße: Die beiden 5-g-Kugeln aus schwarzem Fondant durch sanftes Rollen zu Ovalen abflachen. Bei jedem Oval ein Ende mit dem Finger abflachen, damit es nachher unter den Körper passt (2). Die Füße mit einem Tupfen Wasser unter den Körper kleben. Die Füße mit den Fingern in Position kneten.

Augen: Die beiden Kugeln aus weißem Fondant leicht abflachen. Mit dem Modellierstab in jede ein Loch drücken. Die erbsengroße Kugel aus schwarzem Fondant in zwei kleinere Kugeln rollen und in die Augenhöhlen setzen. Die Augen mit einem Tupfen Wasser auf dem Hotdog festkleben. Trocknen lassen.

Hamburger

Fondant färben: Wenn möglich, die Farben am Vortag mischen, damit sich intensive Farben besser verarbeiten lassen (s. S. 178–179).

Abmessen und rollen: Die für jedes Körperteil benötigte Menge abmessen und zu einer Kugel rollen. In einem Plastikbeutel mit Zip-Verschluss vor dem Austrocknen bewahren.

Brötchen: Die beiden 30-g-Kugeln aus hellbraunem Fondant rollen, dabei darauf achten, dass sie weich, glatt und rissfrei sind. Auf eine flache Arbeitsoberfläche legen und mit der Handinnenfläche zu zwei Brötchenhälften formen. Eine Hälfte umdrehen = untere Brötchenhälfte.

Tomate und Salatblätter: Die Kugel aus rotem Fondant auf 2 mm Dicke ausrollen, den Vorgang mit der Kugel aus grünem Fondant wiederholen. Mit einem Rundausstecher zwei Kreise aus jedem Stück Fondant ausstechen, dann jeden Kreis in der Mitte durchschneiden. Abwechselnd grüne und rote Halbkreise auf die untere Brötchenhälfte legen und mit einem Tupfen Wasser festkleben, um die Tomaten- und Salatlagen darzustellen (1).

Fleisch: Die 12-g-Kugel aus braunem Fondant auf 5 mm Dicke ausrollen und mit dem Rundausstecher einen Kreis ausstechen. (Oder den Fondant zu einer glatten Kugel formen und auf 5 mm Dicke ausrollen). Auf die Tomaten-Salatschicht legen (Fleischeinlage), mit einem Tupfen Wasser befestigen.

Die „obere Brötchenhälfte" darauf legen und mit einem Tupfen Wasser befestigen.

Mund und Zähne: Mit der Kante des Rundausstechers einen lachenden Mund in die Oberfläche des Burgers kerben (2). Mit dem Ende des Modellierstabs an jedem Endpunkt des Lächelns ein Grübchen eindrücken.

Die erdnussgroße Kugel aus weißem Fondant auf 2 mm Dicke ausrollen. Mit einem Messer einen Mund ausschneiden, in die Kerbe („das Lächeln") auf dem Burger setzen und mit einem Tupfen Wasser befestigen. Mit dem Messerrücken einige Zähne hinein ritzen.

Augen: Mit dem Modellierstab oder dem Ende eines Malpinsels zwei kleine Augenhöhlen in die Oberseite des Hamburgers drücken (3). Die erbsengroße Kugel aus weißem Fondant in zwei kleinere Kugeln rollen und in die Augenhöhlen drücken. Zwei kleinere Kugeln aus der erbsengroßen Kugel aus schwarzem Fondant formen und als Pupillen auf setzen.

Kappe: Die 10-g-Kugel aus rotem Fondant leicht abflachen. Auf eine flache Arbeitsoberfläche setzen und ein Viertel der abgeflachten Kugel platt drücken = Kappenrand. Die Kappenform durch eine mit dem Messer angebrachte Kerbe vom Rand abheben. Die Kappe mit einem Tupfen Wasser auf den Burger kleben.

Füße: Die beiden 5-g-Kugeln aus schwarzem Fondant durch leichtes Abflachen zu Ovalen ausrollen. Bei jedem Oval mit dem Finger ein Ende abflachen, damit es unter den Körper passt (4). Unter dem Körper mit einem Tupfen Wasser befestigen. Die Füße mit dem Finger in Position kneten.

ZOMBIETEILE

Meiner besten Freundin Melanie macht es eine Riesenfreude, mich zu Tode zu erschrecken. Manchmal versteckt sie sich hinter der Tür und kommt in einem Augenblick hervorgesprungen, im dem ich es am wenigsten erwarte. Sie macht seltsame, Furcht erregende Geräusche in der Nacht, damit ich mich fürchte, und gern erzählt sie Gespenstergeschichten. Das wirklich Schockierende daran ist, dass Melanie erwachsen ist!

Das Beste daran, jemanden zu erschrecken, ist der Spaß, den man dabei hat. Genau deshalb liebt es Melanie, mir einen Schrecken einzujagen. Sie schaut mir zu, wie ich vor Schreck an die Decke hüpfe, und dann lachen wir uns beide kaputt.

Wenn du also deine Freunde ein bisschen erschrecken möchtest, fertige ein paar Zombieteile an und packe sie auf einen gruseligen Kuchen. Noch grausiger ist vielleicht ein knallroter Samtkuchen (s. S. 25). Spiele deinen Freunden einen Streich, indem du an einem Finger oder Augapfel nagst, wenn sie kommen, um dein Werk zu betrachten – sie werden sich derartig ekeln, dass sie den Kuchen vielleicht gar nicht herunterbekommen werden!

Nur eine Sache musst du unbedingt bedenken: Kleine Kinder und Babys könnten wirklich Angst bekommen, weshalb du ihnen unbedingt erklären musst, dass es sich nur um einen Kuchen handelt.

ARBEITSMATERIAL
Plastikbeutel mit Zip-Verschluss
Kleines Küchenmesser
Kugelstab
Modellierstab
Feiner Malpinsel

ZUBEHÖR – 1 FINGER
Tylose
20 g hellgrüner Rollfondant
1 erbsengroße Kugel roter oder
    schwarzer Rollfondant

ZUTATEN – 1 AUGAPFEL
15 g weißer Rollfondant
je 1 erbsengroße Kugel blauer und
    schwarzer Rollfondant
10 g roter Rollfondant
Rote Pastenfarbe, Alkohol

ZUTATEN – 1 HAND

50 g grüner Rollfondant

1 erbsengroße Kugel roter oder
    schwarzer Rollfondant

Rohe Spaghetti

ZUTATEN – 1 KNOCHEN

25 g weißer Rollfondant

ZUTATEN – 1 HÄUFCHEN

25 g brauner Rollfondant

FONDANT FÄRBEN

Wenn möglich, die Farben am Vortag mischen, damit sich intensive Farben besser verarbeiten lassen (s. S. 178–179).

ABMESSEN UND ROLLEN

Die für jedes Körperteil benötigte Menge abmessen und zu einer Kugel rollen. In einem Plastikbeutel mit Zip-Verschluss vor dem Austrocknen bewahren.

FINGER

Die Kugel aus hellgrünem Fondant zu einer Wurst rollen, dann ein Ende leicht abflachen. Mit dem Finger das flache Ende eindrücken, um ein Nagelbett herzustellen (1).

Für den Fingernagel die erbsengroße Kugel aus rotem oder schwarzem Fondant zu einem Oval abflachen. Mit einem Tupfen Wasser auf dem Finger festkleben. Mit dem Messerrücken Hautfalten quer über den Finger kerben.

Den Finger beugen, indem mit dem Messerrücken unter dem „Knöchel" eine Kerbe geritzt wird (2).

AUGAPFEL

In die Kugel aus weißem Fondant mit der kleinen Kugel am Kugelstab eine Augenhöhle drücken. Die erbsengroße Kugel aus blauem Fondant abflachen und mit einem Tupfen Wasser in die Augenhöhle kleben. Mit dem Modellierstab für die Pupille eine Mulde für die Pupille drücken. Die Kugel aus schwarzem Fondant mit einem Tupfen Wasser in der Mulde befestigen. Auf einer flachen Oberfläche die ganze Kugel leicht rollen, damit alle Farben miteinander verschmelzen können.

Die Kugel aus rotem Fondant zu einer langen Wurst rollen, die an einem Ende dicker ist. Die Wurst verzwirbeln und das dickere Ende mit einem Tupfen Wasser an die Rückseite des Augapfels kleben (3). Etwas rote pastenfarbe mit Alkohol anrühren. Mit einem feinen Malpinsel die „Äderchen" auf den Augapfel malen, damit er blutunterlaufen wirkt.

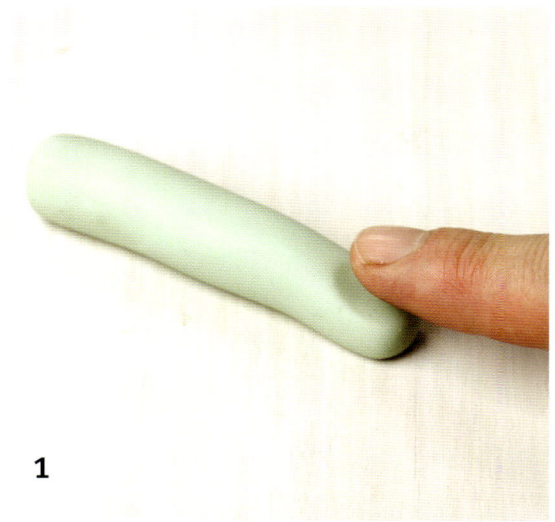

1

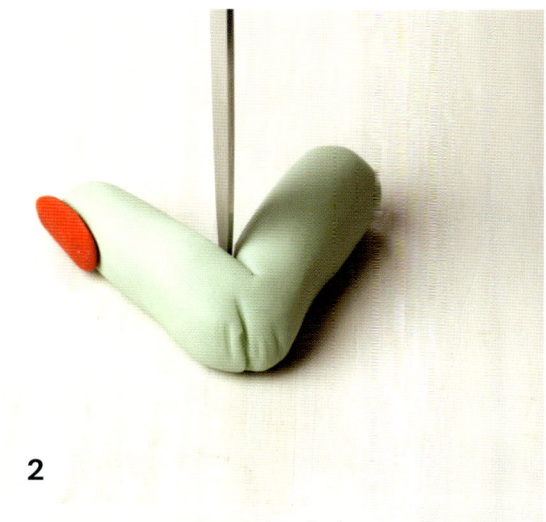

2

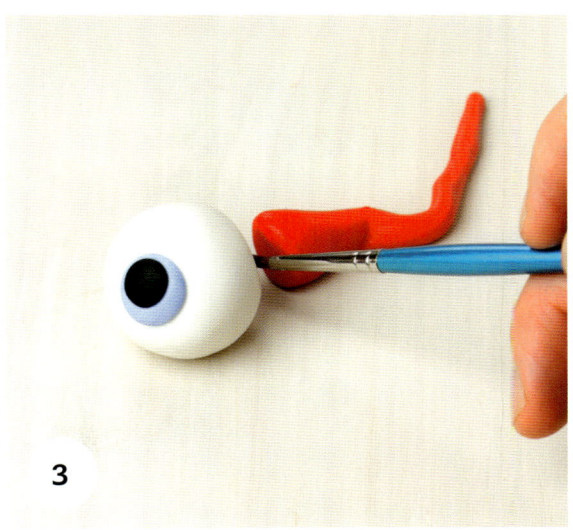

3

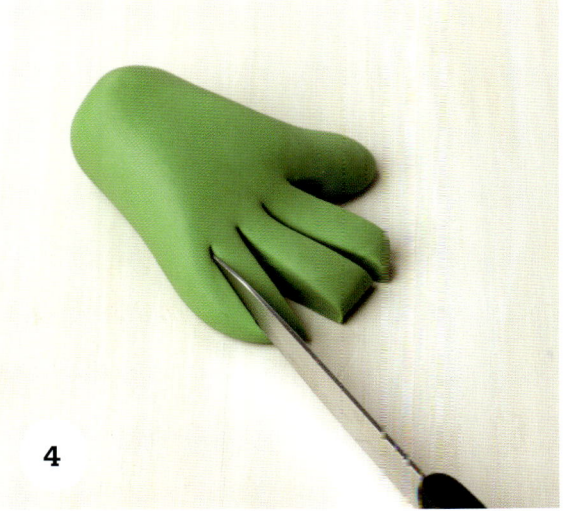

4

HAND

Die Kugel aus grünem Fondant zu einem Zylinder rollen. Den Zylinder an einem Ende abflachen. Mit einem scharfen Messer einen dicken Daumen und vier Finger in das flache Ende der Hand kerben (4), dann mit den Fingern die Hand glätten und formen. Mit dem Finger Nagelbetten eindrücken.

Für die Fingernägel die erbsengroße Kugel aus rotem oder schwarzem Fondant in fünf Ovale rollen und leicht abflachen. Mit einem Tupfen Wasser an den Fingern befestigen. Mit dem Messerrücken „Falten" in die Finger und den Daumen ziehen. Zwei kleine Stückchen rohe Spaghetti unter die Hand legen, um sie auf dem Kuchen zu befestigen.

KNOCHEN

Die Kugel aus weißem Fondant in einen langen, dünnen Zylinder rollen. Mit der Hand abflachen, dann beide Enden mit dem Finger einkerben. Den Knochen längs einkerben.

HUNDEHÄUFCHEN

Die Kugel aus braunem Fondant zu einer Wurst rollen und in Spulenform winden.

PINGUINE AUF SNOWBOARD

Ich mag Pinguine und Schneesurfen, also habe ich in diesen lustigen Figuren beides kombiniert.

Wenn du so wie ich ein begeisterter Schneesurfer bist, weißt du, wie aufregend das ist. Schon beim Anschnallen komme ich in Stimmung. Wenn ich dann vom Lift springe und im Schnee surfe, bin ich im siebten Himmel. Es ist spannend, mit großer Geschwindigkeit bergab zu fahren. Es gefällt mir, Bäumen auszuweichen, schlechten Schnee zu umfahren, durch Pulverschnee zu preschen, zu springen und immer neue Wege zu suchen ... DER WAHNSINN!

Aber ich liebe auch die Gesellschaft der Freunde und das Gelächter, die Schneesurfen mit sich bringt. Es ist toll, neue Leute kennen zu lernen, die eigenen Grenzen zu erweitern, sich etwas zu trauen, Musik zu hören und dann weiter zu surfen. Schon wenn ich nach Hause komme, überlege ich, wann ich wieder zum Schneesurfen gehen und wie ich mich noch weiter verbessern kann.

ARBEITSMATERIAL
Plastikbeutel mit Zip-Verschluss
Kleines Küchenmesser
Mittlerer Malpinsel
Kleiner Rollstab

ZUTATEN – 1 PINGUIN
Tylose
70 g Rollfondant, Aqua Blue oder eine andere Farbe für Körper (20 g) und Kopf (50 g)
2 erbsengroße Kugeln Rollfondant, gelb (Füße)
1 erdnussgroße Kugel weißer Rollfondant (Bauch)
2 erbsengroße Kugeln Rollfondant, Aqua Blue oder andere Farbe (Flügel)
1 erbsengroße Kugel Rollfondant, gelb oder orange (Schnabel)
je 1 erbsengroße Kugel Rollfondant weiß und schwarz (Augen)

FONDANT FÄRBEN

Wenn möglich, die Farben am Vortag mischen, damit sich intensive Farben besser verarbeiten lassen (s. S. 178–179).

ABMESSEN UND ROLLEN

Die für jedes Körperteil benötigte Menge abmessen und zu einer Kugel rollen. In einem Plastikbeutel mit Zip-Verschluss vor dem Austrocknen bewahren.

KÖRPER

Die 20-g-Kugel Fondant in Aqua Blue zu einem Kegel rollen. Das breite Ende auf eine flache Arbeitsoberfläche setzen (1).

FÜSSE

Die beiden erbsengroßen Kugeln aus gelbem Fondant in Tropfenform rollen, indem eine Seite sanft etwas dünner gerollt wird. Den Tropfen mit dem Finger abflachen. Jeden Fuß dreimal leicht einkerben, um Schwimmhäute anzudeuten (2).

Die Füße mit einem Tupfen Wasser unter dem Körper festkleben. Die Füße mit den Fingern in Position kneten.

BAUCH

Die erdnussgroße Kugel aus weißem Fondant auf 2 mm Dicke ausrollen. Mit dem Messer in ovale Form schneiden. Mit einem Tupfen Wasser an die Vorderseite des Körpers kleben.

FLÜGEL

Wie bei den Füßen die beiden erbsengroßen Kugeln aus Aqua-Blue-Fondant in Tropfenform rollen, indem ein Ende sanft etwas dünner gerollt wird (3). Den Tropfen mit dem Finger abflachen. Das dicke Ende des Tropfens an jeder Seite des Körpers mit einem Tupfen Wasser ankleben. Mit den Fingern das Spitze

Ende eines jeden Tropfens leicht nach oben biegen, um Flügel anzudeuten.

KOPF

Die 50-g-Kugel aus Aqua-Blue-Fondant zu einer weichen, rissfreien, perfekt runden Kugel rollen. Die Kugel in die Innenfläche der trockenen, sauberen Hand nehmen. Nun die andere Hand wie beim Klatschen darüber legen. Von beiden Seiten die Kugel sanft drücken, um sie abzuflachen (4).

Zwei rohe Spaghetti von 3 cm Länge zur Hälfte von unten in den Kopf stecken. Den Kopf auf dem Körper befestigen, indem das herausragende Stück Spaghetti in den Körper gesteckt wird.

SCHNABEL

Die erbsengroße Kugel aus gelbem oder orangefarbenem Fondant auf 3 mm Dicke ausrollen. Mit dem Messer den Umriss eines kleinen Diamanten aus dem Fondant ausschneiden. Den Messerrücken sanft in die Mitte des Diamanten legen (der dickste Teil). Den Diamanten halb über das Messer biegen, um einen Schnabel zu formen (5). Schnabel mit einem Tupfen Wasser im Gesicht festkleben.

AUGEN

Aus der erbsengroßen Kugel aus weißem Fondant zwei kleine Kugeln rollen und jeweils zwischen den Fingern abflachen. Mit einem Tupfen Wasser in das Pinguingesicht kleben. Aus der erbsengroßen Kugel aus schwarzem Fondant zwei kleinere Kugeln rollen und leicht abflachen. Mit einem Tupfen Wasser als Pupillen auf die weißen Kugeln kleben (6).

PIGGY UND PEPPER

Meine Tante Diana ist eine der liebenswürdigsten Personen auf der Welt; sie ist Krankenschwester und pflegt den ganzen Tag lang zahlreiche Kinder – und wenn sie nach Hause kommt, muss sie sich um 14 Haustiere kümmern! Alle möglichen Tiere nimmt sie bei sich auf. Leider handelt es sich gewöhnlich um Tiere, die sonst niemand haben will.

Alle diese Tiere lieben und verehren sie, und ein jedes unter ihnen hat seine eigene Geschichte zu erzählen. Sie hat einen einbeinigen Truthahn, der sich für einen Hund hält und ihr überallhin folgt; zwei Papageien mit pfirsichfarbenen Gesichtern, die keine Federn haben und deshalb von Tante Diana gestrickte Pullover tragen müssen; einen Esel; einen Hund, der nichts mehr hört, und einen sehr frechen Kakadu, der so viel flucht, dass sie ihn im Hof halten muss. Alle Tiere bei Tante Diana sind sehr lustig und es würde dir gefallen, sie alle erzählen zu hören, aber die beiden hier vorgestellten Kuchenfiguren wurden durch eine ganz besondere Freundschaft zwischen zweien ihrer Haustiere angeregt: einer Katze namens Pepper, und einem dickbäuchigen Schweinchen namens Piggy. Katze und Schwein sind unzertrennlich und verbringen jeden Tag beim gemeinsamen Sonnenbad auf Tante Dianas Terrasse.

DAS WIRD BENÖTIGT

ARBEITSMATERIAL
Kleines Küchenmesser
Mittlerer Malpinsel
Plastikbeutel mit Zip-Verschluss
Modellier- und kleiner Rollstab
Rohe Spaghetti

ZUTATEN – 1 SCHWEINCHEN
Tylose
70 g rosafarbener Rollfondant für
    Körper (20 g) und Kopf (50 g)
je 2 erbsengroße Kugeln rosa-
    farbener Rollfondant für Füße,
    Arme und Ohren
Weißes Chiffonband (Schleier,
    optional)
1 erdnussgroße Kugel dunkelrosa-
    farbener Rollfondant (Schnauze)
je 1 erbsengroße Kugel weißer und
    schwarzer Rollfondant (Augen)
1 erdnussgroße Kugel rosafarbener
    Rollfondant (Schwanz)

Schweinchen Piggy

Fondant färben: Wenn möglich, die Farben am Vortag mischen, damit sich intensive Farben besser verarbeiten lassen (s. S. 178–179).

Abmessen und rollen: Die für jedes Körperteil benötigte Menge abmessen und zu einer Kugel rollen. In einem Plastikbeutel mit Zip-Verschluss vor dem Austrocknen bewahren.

Körper: Die 20-g-Kugel aus rosafarbenem Fondant zu einem Kegel rollen. Das breite Ende auf eine flache Oberfläche setzen

Füße: Zwei erbsengroße Kugeln aus rosafarbenem Fondant zu Tropfenform rollen, indem eine Seite sanft dünner gerollt wird. Jeden Tropfen mit dem Finger abflachen, um einen Fuß zu formen. Mit dem Messerrücken einen kleinen Schnitt am dicken Ende eines jeden Tropfen anbringen, um Schweinehufe anzudeuten (1). Die Füße mit einem Tupfen Wasser unter dem Körper ankleben. Den Fuß mit dem Finger in Position kneten.

Arme: Zwei erbsengroße Kugeln aus rosafarbenem Fondant zu Tropfenform rollen. Mit dem Messerrücken einen kleinen Schnitt jeweils in das dicke Ende der Tropfen schneiden, damit sie wie Schweinehufe aussehen. Mit einem Tupfen Wasser am Körper festkleben.

Kopf: Die 50-g-Kugel aus rosafarbenem Fondant in eine weiche, rissfreie und perfekt runde Form rollen. Die Kugel in die Innenfläche der trockenen, sauberen Hand legen. Die andere Hand wie beim Klatschen darüber legen. Die Kugel von beiden Seiten sanft und gleichmäßig flach drücken.

Zwei 3 cm lange, rohe Spaghetti zur Hälfte in die Unterseite des Kopfes stecken. Mit den herausstehenden Stücken Spaghetti den Kopf auf dem Körper befestigen. Das Chiffonband am Kopf befestigen, sofern das Schweinchen einen Hochzeitsschleier tragen soll.

Schnauze: Die erdnussgroße Kugel aus dunkelrosafarbenem Fondant zwischen den Fingern zu einer Schnauze formen – sie sieht besser aus, wenn sie eine leicht ovale Form hat (2). Mit einem Tupfen Wasser im Gesicht des Schweins befestigen. Mit einem Modellierstab oder dem Ende eines Malpinsels zwei Nasenlöcher eindrücken (3).

Ohren: Zwei erbsengroße Kugeln aus rosafarbenem Fondant in Kegelform rollen. Beide leicht abflachen und mit dem Modellierstab eine Mulde hineindrücken. Mit einem Tupfen Wasser ankleben.

Augen: Mit dem Modellierstab zwei Augenhöhlen in das Gesicht drücken. Die Kugel aus weißem Fondant in zwei kleine Kugeln rollen und in die Augenhöhlen drücken. Zwei kleinere Kugeln aus dem schwarzen Fondant rollen und als Pupillen auf setzen.

Schwanz: Die erdnussgroße Kugel aus rosafarbenem Fondant zu einer langen, dünnen Wurst rollen. Ein Ende mit dem Finger abflachen, dann mit einem Tupfen Wasser unter den Körper kleben. Ein Ringelschwanz entsteht, wenn man den Schwanz um den kleinen Finger wickelt und den Finger dann sanft herauszieht, sodass Ringel übrig bleiben.

Katze Pepper

Fondant färben: Wenn möglich, die Farben am Vortag mischen, damit sich intensive Farben besser verarbeiten lassen (s. S. 178–179).

Abmessen und rollen: Die für jedes Körperteil benötigte Menge abmessen und zu einer Kugel rollen. In einem Plastikbeutel mit Zip-Verschluss vor dem Austrocknen bewahren.

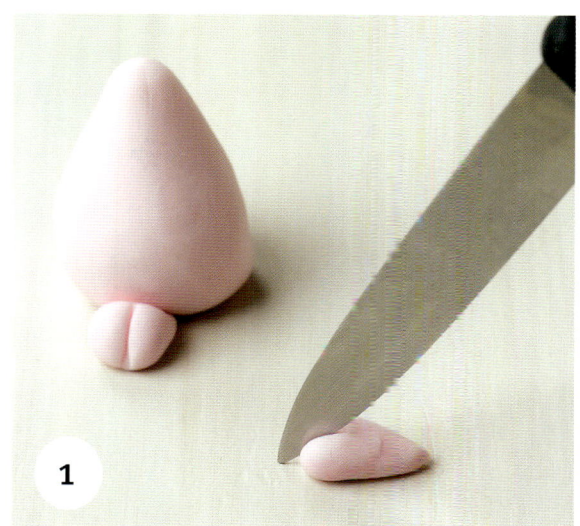

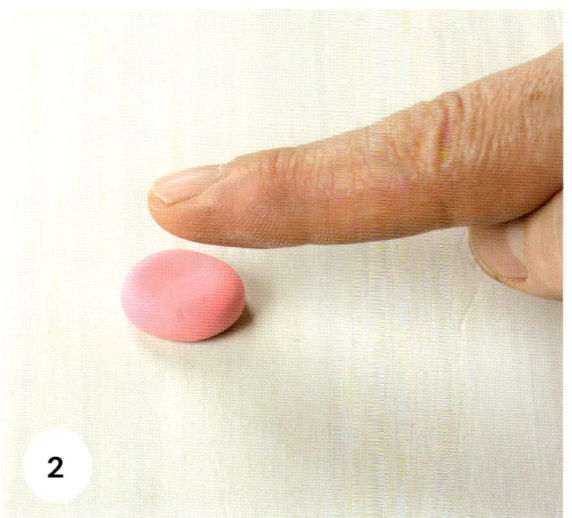

Körper: Die 20-g-Kugel aus schwarzem Fondant zu einem Kegel rollen (1). Das breite Ende auf eine Flache Oberfläche setzen.

Bauch: Die erdnussgroße Kugel aus weißem Fondant auf 2 mm Dicke ausrollen. Mit einem Messer zu einer ovalen Form schneiden. Mit einem Tupfen Wasser an den Körper kleben.

Pfoten: Die erbsengroßen Kugeln aus schwarzem und weißem Fondant jeweils in der Mitte durchschneiden – so entstehen vier schwarze und vier weiße Kugeln aus Fondant. Mit einem Tupfen Wasser jeweils eine weiße Kugel mit einer schwarzen Kugel zusammenkleben, sodass vier schwarz-weiße Kugeln entstehen (2).

Die Kugeln zu Tropfenform formen, indem das schwarze Ende sanft etwas dünner gerollt wird (3). Die Tropfen mit dem Finger zu einer Pfote abflachen. Mit dem Messerrücken Zehen in die Pfote kerben. Mit einem Tupfen Wasser zwei Pfoten unter den Körper, die beiden anderen an die Seite des Katzenkörpers kleben.

Kopf: Die 50-g-Kugel aus schwarzem Fondant zu einer weichen, rissfreien und perfekt runden Kugel formen. Die Kugel in die Innenfläche der trockenen, sauberen Hand legen. Die andere Hand wie beim Klatschen darüber legen. Die Kugel von beiden Seiten sanft und gleichmäßig flach drücken.

Zwei 3 cm lange, rohe Spaghetti zur Hälfte in die Unterseite des Kopfes stecken. Mit dem herausstehenden Stück Spaghetti den Kopf auf dem Körper befestigen.

Ohren: Zwei erbsengroße Kugeln aus schwarzem Fondant in Kegelform rollen. Leicht abflachen und mit dem Modellierstab eine Mulde eindrücken. Zwei erbsengroße Kugeln aus rosafarbenem Fondant zu Kegeln rollen, die etwas kleiner sind als die schwarzen Kegel. Mit einem Tupfen Wasser in die schwarzen Mulden kleben (4). Nun die Ohren mit einem Tupfen Wasser an den Kopf kleben.

Mund: Mit dem Modellierstab an der Stelle des Munds am unteren Ende des Kopfes eine Mulde drücken. Bevor der Modellierstab herausgezogen wird, die Mundöffnung etwas nach unten ziehen, damit sie größer wird (5).

Augen: Mit dem Modellierstab oder dem Ende eines Malpinsels zwei kleine Augenhöhlen in den Kopf drücken. Eine erbsengroße Kugel aus weißem oder rosafarbenem Fondant zu zwei kleinen Kugeln rollen (Augäpfel) und in die Augenhöhlen drücken (6). Zwei kleinere Kugeln aus dem schwarzen Fondant rollen und als Pupillen auf die Augäpfel drücken.

Schnurrbartbacken: Weitere zwei erbsengroße Kugeln aus dem weißen Fondant zu glatten Kugeln rollen. Die Kugeln sanft zwischen den Fingern drücken, um nach dem Geschmack die Schnurrbartbacken zu gestalten. Mit einem Tupfen Wasser vorne an jede Seite der Mundöffnung kleben. Mit dem Modellierstab oder einem Stück Spaghetti ein paar Schnurrbarthaare einkerben.

Nase: Eine weitere erbsengroße Kugel aus rosafarbenem Fondant rollen, dann sanft zu einem kleinen Dreieck kneten. Die Nase mit einem Tupfen Wasser zwischen die Schnurrbartbacken kleben.

Schwanz: Die erbsengroße Kugel aus schwarzem Fondant zu einer langen, dünnen Wurst rollen. Die Wurst an einem Ende mit dem Finger abflachen. Dieses Ende mit einem Tupfen Wasser unter dem Körper ankleben.

1

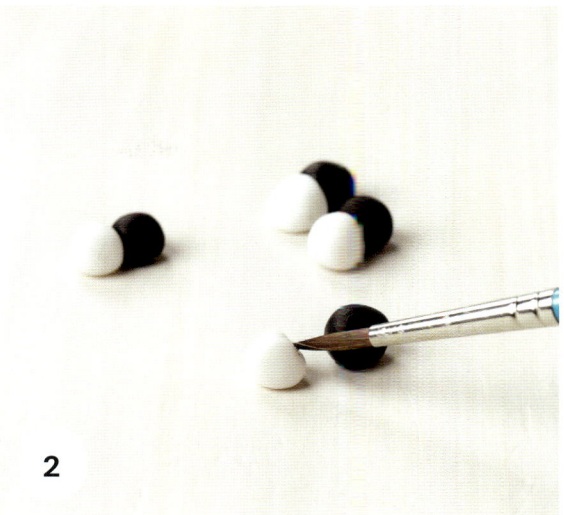

2

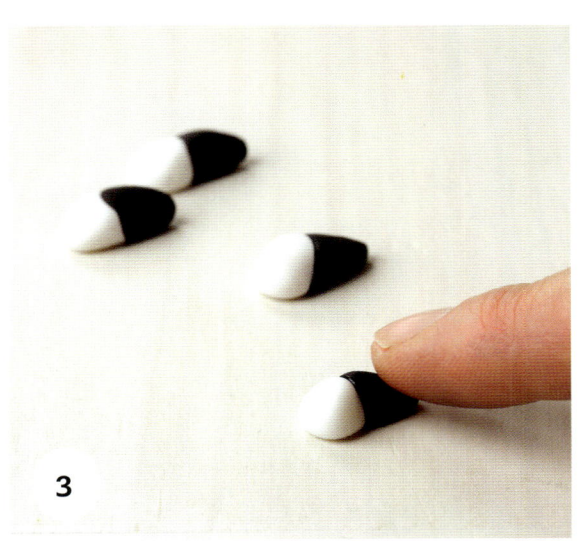

3

4

5

6

KUSCHELBÄREN

Meine Tochter Estelle liebt Kuscheltiere. Oft ist es so, dass ich sie abends, wenn ich noch einmal nach ihr sehe, gar nicht unter all den Häschen, Teddybären und anderen Kuscheltieren, die mit ihr das Bett teilen, entdecken kann. Ich denke, das schönste an Kuscheltieren ist, dass sie mit ihrem samtigen und niedlichen Wesen stets zum Schmusen bereit sind. Es sind aufmerksame Wesen, die dich lieb haben. Wenn du Kuscheltiere magst, werden dir bestimmt diese Kuchenfiguren gefallen, für die Estelles drei Lieblingsteddys das Vorbild waren.

Ich schlage vor, dass du deine Kuchenfiguren deinen eigenen Lieblingstieren nachempfindest. Gib ihnen Namen und achte darauf, dass sich auf dem Kuchen jede Menge Regenbogen und Wolken befinden, damit die Kuschelbären darauf sitzen können. Kuscheltiere stammen aus einem verzauberten Königreich, wo stets das Glück herrscht.

Dieser Kuchen eignet sich gut für kleine Kinder und Babys, denn sie lieben Teddybären. Du könntest ihren Lieblingsteddy nachbilden, indem du Farbe und Form entsprechend wählst.

Wenn der Kuchen für eine ältere Person ist, sieht ihr Teddy vielleicht schon sehr durchgeknutscht oder gar ziemlich abgegriffen aus! Nichts wäre schöner, als deiner Kuchenfigur dieselbe Gestalt zu verleihen – vielleicht ein abgerissenes Ohr oder eine fehlende Nase. Dadurch wird der Kuchen zum persönlichen Geschenk.

ARBEITSMATERIAL
Kleines Küchenmesser
Mittlerer Malpinsel
Plastikbeutel mit Zip-Verschluss
Modellierstab
Rohe Spaghetti

ZUTATEN – 1 KUSCHELBÄR
Tylose
70 g gefärbter Rollfondant Körper (20 g) und Kopf (50 g)
je 1 erdnussgroße Kugel gefärbter Rollfondant für Arme und Beine
1 erdnussgroße Kugel gefärbter Rollfondant (Ohren)
1 erbsengroße Kugel Rollfondant in Kontrastfarbe (Ohren; optional)
1 erbsengroße Kugel schwarzer Rollfondant (Augen)
1 erdnussgroße Kugel gefärbter Rollfondant (Pandaaugen; optional)
1 erbsengroße Kugel weißer Rollfondant (Pandaaugen; optional)
1 erbsengroße Kugel Rollfondant in Kontrastfarbe (Nase)

FONDANT FÄRBEN

Wenn möglich, die Farben am Vortag mischen, damit sich intensive Farben besser verarbeiten lassen (s. S. 178–179).

ABMESSEN UND ROLLEN

Die für jedes Körperteil benötigte Menge abmessen und zu einer Kugel rollen. In einem Plastikbeutel mit Zip-Verschluss vor dem Austrocknen bewahren.

KÖRPER

Die 20-g-Kugel aus gefärbtem Fondant zu einem Kegel rollen (1). Das breite Ende auf eine flache Oberfläche setzen.

BEINE

Die erdnussgroße Kugel aus gefärbtem Fondant zu einer Wurst rollen. Mit einem Messer in der Mitte schräg durchschneiden (1). Am Hüftgelenk abflachen (die schräge Schnittfläche), dann jedes Bein mit einem Tupfen Wasser am Bären festkleben. Den Fuß mit dem Finger in Position kneten (2).

ARME

Eine weitere erdnussgroße Kugel aus gefärbtem Fondant zu einer Wurst rollen. Mit einem Messer die Wurst in der Mitte schräg durchschneiden, dann mit einem Tupfen Wasser an jeder Seite des Bären einen Arm ankleben.

KOPF

Die 50-g-Kugel aus schwarzem Fondant zu einer weichen, rissfreien und perfekt runden Kugel formen. Die Kugel in die Innenfläche der trockenen, sauberen Hand legen. Die andere Hand wie beim Klatschen darüber legen. Die Kugel von beiden Seiten sanft und gleichmäßig flacher drücken (3).

Zwei 3 cm lange, rohe Spaghetti zur Hälfte in die Unterseite des Kopfes stecken. Mit den herausstehenden Stücken Spaghetti den Kopf auf dem Körper befestigen.

OHREN

Eine weitere erdnussgroße Kugel aus gefärbtem Fondant zu einem Kreis abflachen. Wenn du magst, kannst du eine erbsengroße Kugel aus einer Kontrastfarbe rollen. Diese Kugel abflachen und mit einem Tupfen Wasser in die Mitte der ersten abgeflachten Kugel kleben. Den Kreis in der Mitte durchschneiden, um zwei Ohren zu erhalten. Die Ohren mit einem Tupfen Wasser am Kopf festkleben.

AUGEN

Mit dem Modellierstab zwei kleine Augenhöhlen in den Kopf drücken (4). Zwei kleine Kugeln aus der erbsengroßen Kugel aus schwarzem Fondant rollen und als Augäpfel in die Augenhöhlen drücken.

Pandaaugen (optional): Die Hälfte des gefärbten Fondant zu zwei kleinen Kugeln rollen und zwischen den Fingern abflachen. Mit einem Tupfen Wasser im Bärengesicht festkleben. Zwei kleinere Kugeln aus dem weißen Fondant rollen und den Vorgang wiederholen. Für die Pupillen zwei kleinere Kugeln aus dem restlichen gefärbten Fondant formen und abflachen. Mit einem Tupfen Wasser auf die weißen Augen kleben (5).

NASE UND MUND

Die letzte erbsengroße Kugel aus gefärbtem Fondant zu einer Nase formen. Mit einem Tupfen Wasser in das Gesicht kleben. Direkt unter der Nase einen kleinen Mund eindrücken (6).

DIE TRAMPELKERLE

Im Stockwerk über unserem Büro befindet sich eine andere Firma. Jeden Tag trampeln die Mitarbeiter dieser Firma über uns herum und machen dabei solch einen Radau, dass wir sie die Trampelkerle getauft haben. Jeden Tag klingt es, als ob eine Herde Elefanten so laut herumstampfen würde, dass wir unser eigenes Wort nicht mehr verstehen können. Die Bodendielen krachen und manchmal klingt es nach einer wahren Trampelkerlhorde.

Trampelkerle sind jedoch nichts Außergewöhnliches. Bisweilen war auch ich ein Trampelkerl, als ich klein war. Ich denke, es geht nicht nur darum, wie sich Leute bewegen, sondern um eine Einstellung.

Einer meiner liebsten Trampelkerle ist der dreijährige Hudson. Er trampelt nicht nur, er isst außerdem Sand, verkleidet sich als Spiderman (obwohl er bisweilen vergisst, Hosen anzuziehen), und er ärgert mit Vorliebe seinen älteren Bruder Charlie oder mischt sich in anderer Leute Angelegenheiten. Er ist eindeutig ein Trampelkerl! Für Hudsons nächsten Geburtstag werde ich ihm eine Trampelkerltorte machen – ebenso wie für das Büro über uns!

DAS WIRD BENÖTIGT

ARBEITSMATERIAL
Kleines Küchenmesser
Mittlerer Malpinsel
Plastikbeutel mit Zip-Verschluss
Modellierstab
Rohe Spaghetti

ZUTATEN – 1 TRAMPELKERL
Tylose
90 g gefärbter Rollfondant für Körper (50 g), Kopf (30 g) und Arme (10 g)
je 5 g gefärbter Rollfondant als Kontrastfarbe für Gesicht und Augen
1 erbsengroße Kugel gefärbter Rollfondant, Kontrastfarbe (Nase)
1 erbsengroße Kugel schwarzer Rollfondant (Augen)
2 erdnussgroße Kugeln schwarzer Rollfondant (Ohren)
1 erbsengroße Kugeln roter Rollfondant (Herz)

FONDANT FÄRBEN

Wenn möglich, die Farben am Vortag mischen, damit sich intensive Farben besser verarbeiten lassen (s. S. 178–179).

ABMESSEN UND ROLLEN

Die für jedes Körperteil benötigte Menge abmessen und zu einer Kugel rollen. In einem Plastikbeutel mit Zip-Verschluss vor dem Austrocknen bewahren.

KÖRPER

Die 20-g-Kugel aus gefärbtem Fondant in Erbsenform rollen. Flach hinlegen (1).

HINTERBEINE

Die beiden erbsengroßen Kugeln aus gefärbtem Fondant in Tropfenform rollen, indem eine Seite sanft etwas dünner gerollt wird. Den Tropfen mit dem Finger abflachen, dann mit dem Messerrücken am breiten Ende einkerben, um Pfoten zu formen. Die Pfoten unterhalb des Körpers mit einem Tupfen Wasser ankleben. Die Pfoten mit dem Finger in Position kneten.

VORDERBEINE

Die traubengroße Kugel aus gefärbtem Fondant zu einer Wurst rollen. Mit dem Messer die Wurst in der Mitte schräg durchschneiden. Bei jeder Wurst ein Ende etwas dünner rollen als das andere. Am breiten Ende mit dem Messerrücken zwei Linien einkerben, damit eine Pfote entsteht. Die Vorderbeine mit einem Tupfen Wasser an den Hund kleben (2).

KOPF

Die 50-g-Kugel aus gefärbtem Fondant zu einer weichen, rissfreien und perfekt runden Kugel rollen. Auf eine flache Oberfläche legen. Mit dem Zeigefinger sanft auf die eine Seite

der Kugel drücken, um sie etwas abzuflachen, damit ein Hundekopf entsteht. Mit dem Messerrücken durch einkerben eines „V" direkt unter der Nase die Hundeschnauze markieren (3).

Zwei 3 cm lange Stücke aus rohen Spaghetti halb in die untere Kopfseite stecken. Der Kopf auf dem Körper befestigen, indem die Spaghettistücke, die herausschauen, oben in den Körper gesteckt werden.

OHREN

Die beiden anderen erbsengroßen Kugeln aus gefärbtem Fondant mit dem Finger zu ovalen Hundeohren formen (4). Die Ohren mit einem Tupfen Wasser oben an den Kopf kleben (5).

AUGEN

Mit dem Modellierstab zwei kleine Augenhöhlen in den Kopf drücken. Zwei kleine Kugeln aus der erbsengroßen Kugel aus schwarzem Fondant rollen und in die Augenhöhlen drücken.

SCHWANZ

Die erdnussgroße Kugel aus gefärbtem Fondant zu einer langen Wurst rollen. Ein Ende mit dem Finger abflachen und dieses Ende mit einem Tupfen Wasser unter den Körper kleben.

NASE

Die restliche erbsengroße Kugel aus schwarzem Fondant zwischen den Fingern platt drücken, um die Hundenase nach Wunsch zu formen – am besten sieht sie aus, wenn sie leicht oval ist. Mit einem Tupfen Wasser in das Gesicht des Hundes kleben (6).

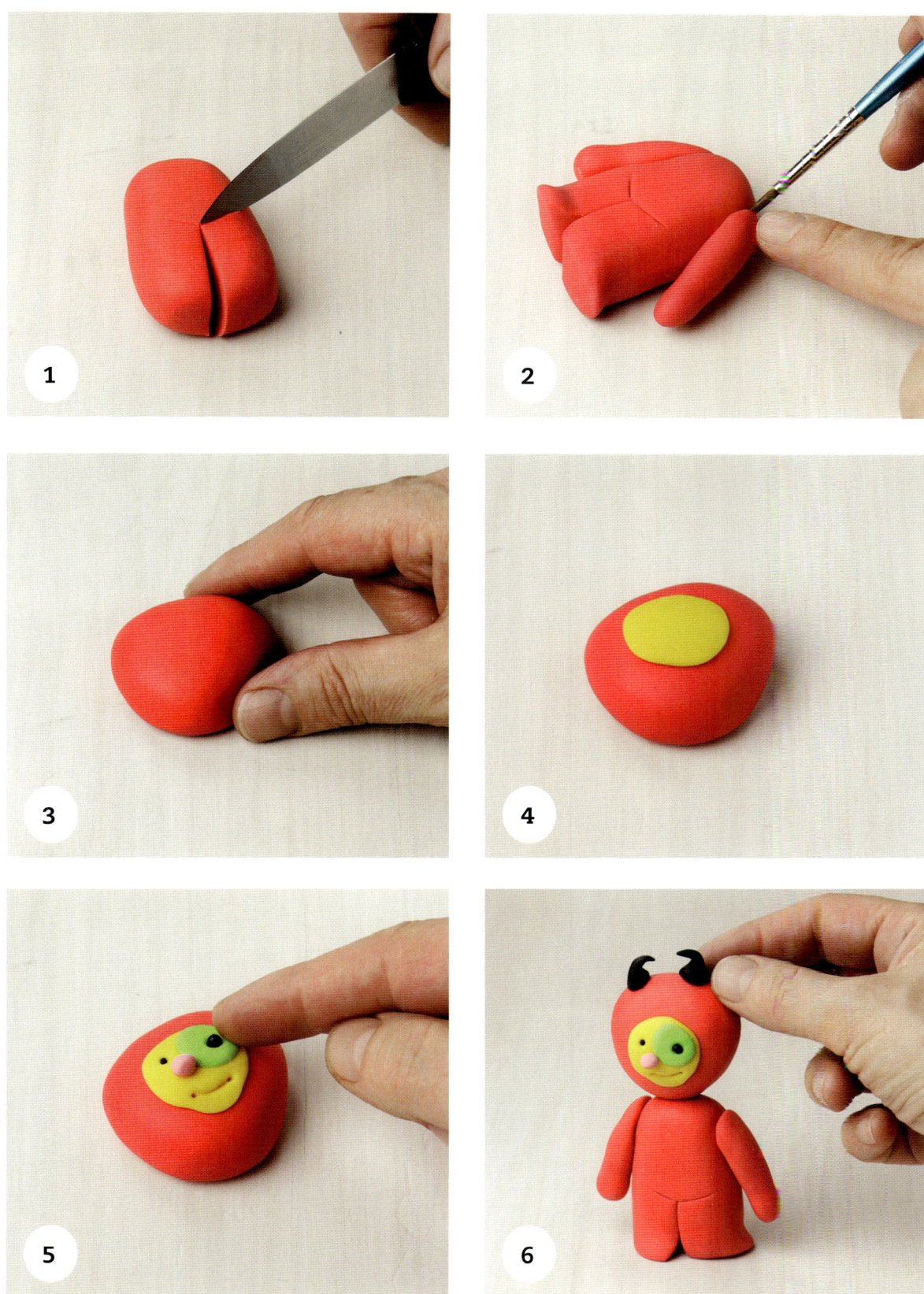

NINJA-RABBITS

In meiner Konditorei arbeitet eine Kuchenkünstlerin namens Jess. Wenn Jess nicht gerade Torten dekoriert, ist sie Meisterin im Kickboxen! Das ist ziemlich ungewöhnlich für eine Konditorin, aber auf diese Weise haben wir eine Ninja-Kämpferin, also eine echte Kampfsportlerin unter uns, was mich dazu angeregt hat, diese Ninja-Rabbits zu erschaffen.

Zwei Ninja-Rabbits fordern einander in einem Ninja-Rabbits-Wettkampf heraus. Sie sind flink, wendig und handeln fair wie echte Ninjas. Kämpfen diese Hasen um Kuchen oder vielleicht um Karotten? Wie die Ninjas flitzen Hasen in Lichtgeschwindigkeit, sie sind gewandt, haben enorme Sprungkraft und besondere Fähigkeiten. Mit nichts anderem als ihren Pfoten, Ohren und einer Menge Selbstbewusstsein, verwandeln sich diese fluffigen Häschen im Nu in harte Kämpfer, sobald sie den Ring betreten.

Ursprünglich wurden die Hasen zu Kampfsportlern, weil sie es eben cool fanden. Kampfsportarten werden jedoch aus einer Reihe von Gründen gepflegt wie Selbstverteidigung, Wettkampf, Sportlichkeit und Gesundheit. Mit einem Kampfgeist und Fähigkeiten, die für so junge Hasen ganz erstaunlich sind, führen diese Tausendsassas ihre Fähigkeit unter lauten Zurufen und Applaus aus allen Ecken der Kampfarena vor.

DAS WIRD BENÖTIGT

ARBEITSMATERIAL
Kleines Küchenmesser
Mittlerer Malpinsel
Plastikbeutel mit Zip-Verschluss
Modellier- und kleiner Rollstab
Rohe Spaghetti

ZUTATEN – 1 HASE
Tylose
70 g weißer Rollfondant für Körper (20 g) und Kopf (50 g)
1 erbsengroße Kugel Rollfondant in schwarz oder einer anderen Farbe (Gürtel)
2 x 6 g weißer Rollfondant (Beine und Arme)
4 erbsengroße Kugeln grauer Rollfondant für Pfoten und 2 für Schnurrbartbacken

DAS WIRD BENÖTIGT

1 traubengroße Kugel grauer Rollfondant (Ohren)

3 erbsengroße Kugeln rosafarbener Rollfondant (Ohren, Nase)

1 erbsengroße Kugel schwarzer
Rollfondant (Augen)

1 erbsengroße Kugel weißer Rollfondant (Zähne)

FONDANT FÄRBEN

Wenn möglich, die Farben am Vortag mischen, damit
sich intensive Farben besser verarbeiten lassen
(s. S. 178–179).

ABMESSEN UND ROLLEN

Die für jedes Körperteil benötigte Menge abmessen
und zu einer Kugel rollen. In einem Plastikbeutel mit
Zip-Verschluss vor dem Austrocknen bewahren.

KÖRPER

Die 20-g-Kugel aus weißem Fondant zu einem Kegel
rollen. Mit dem breiten Ende nach unten auf eine flache Arbeitsoberfläche stellen. An der Stelle, wo der
Gürtel sein soll, eine Linie ziehen, dann die Brust mit
einem „Y" für die Jacke markieren (1).

GÜRTEL

Die erbsengroße Kugel aus schwarzem Fondant zu
einer dünnen Wurst rollen. Jedes Ende mit dem Messer
sauber abschneiden, dann dort, wo du die Linie für
den Gürtel gezogen hast, um die Hüfte winden und mit
einem Tupfen Wasser festkleben.

BEINE UND ARME

Die beiden 6-g-Kugeln aus weißem Fondant zu weichen und rissfreien Kugeln rollen. Jede Kugel zu einer
fetten Wurst mit flachen Enden rollen. Aus einer Wurst
werden die Arme, aus der anderen die Beine.

Mit einem scharfen Messer die Würste in der Mitte
schräg durchschneiden (2). An den Ansätzen (die
schräge Seite) weich drücken, dann die Arme und
Beine mit einem Tupfen Wasser am Hasen festkleben.

PFOTEN

Die vier erbsengroßen Kugeln aus grauem Fondant zu
Tropfen formen, indem eine Seite sanft etwas dünner
gerollt wird. Den Tropfen mit dem Finger abflachen
um eine Pfote zu gestalten. Mit dem Messerrücken
Zehen auf die Pfoten kerben (3) – oder vielleicht hast
du ja Lust, eine Pfote zum Karatehieb zu formen!

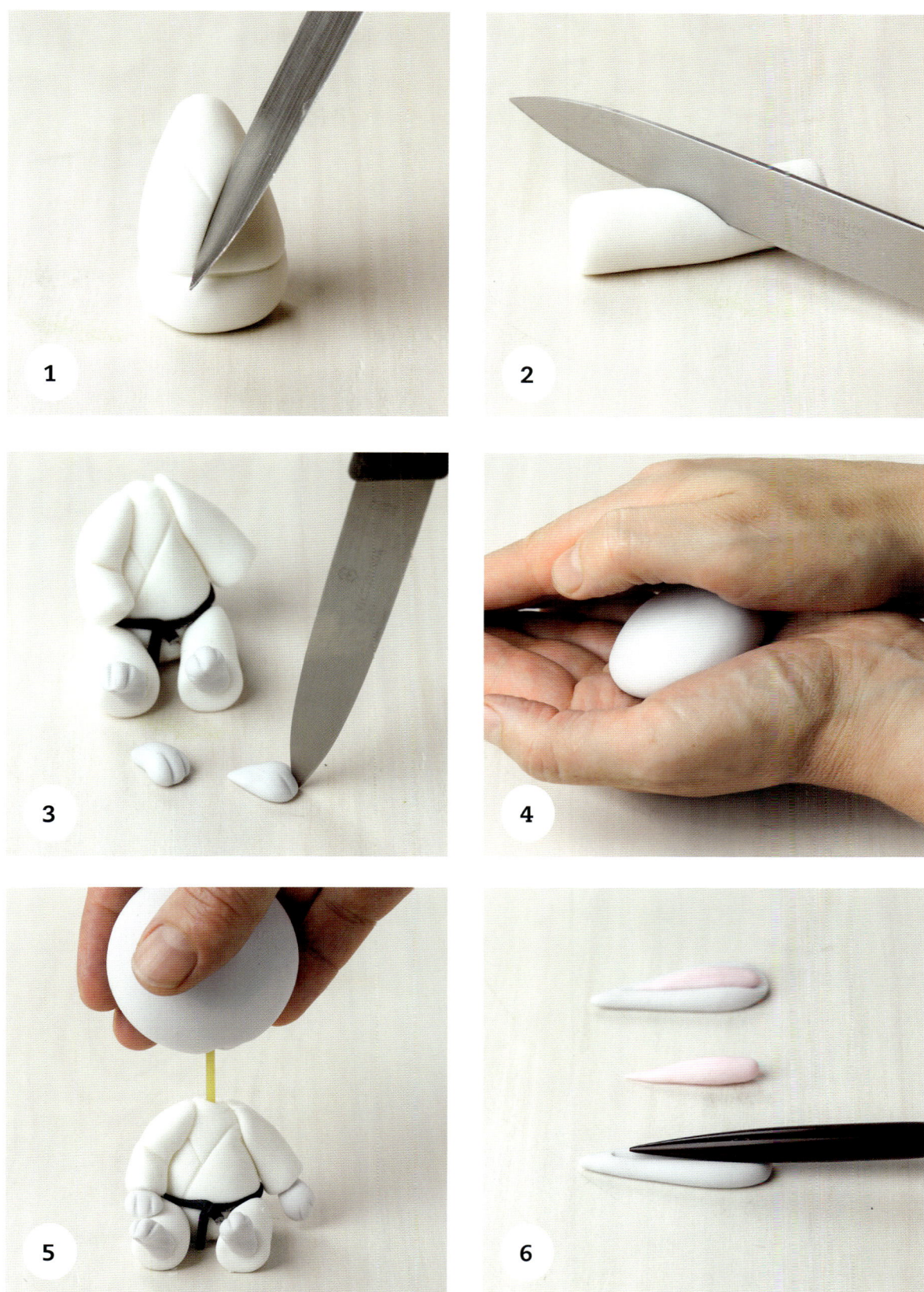

7

8

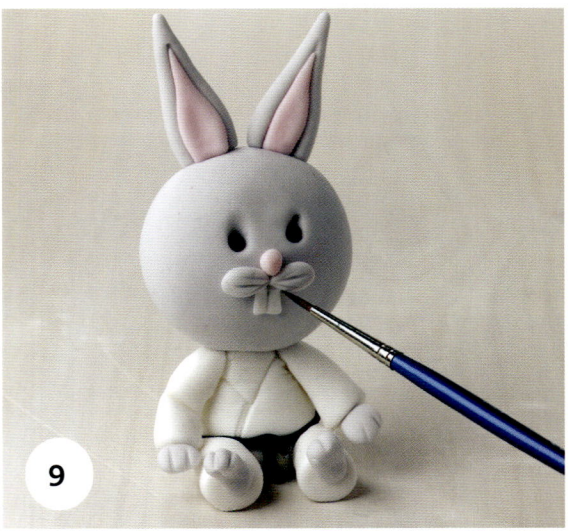

9

Die Pfoten mit einem Tupfen Wasser an die Enden der Arme und Beine kleben. Pfoten mit den Fingern in Position kneten.

KOPF

Die 50-g-Kugel aus grauem Fondant zu einer weichen, rissfreien und perfekt runden Kugel rollen. Die Kugel in die Innenfläche der trockenen, sauberen Hand legen. Die andere Hand wie beim Klatschen darüber legen. Die Kugel von beiden Seiten sanft und gleichmäßig flach drücken (4).

Ein 5 cm langes, rohes Spaghettistück zur Hälfte in die Unterseite des Kopfes stecken. Mit dem herausstehenden Stück Spaghetti den Kopf auf dem Körper befestigen (5).

OHREN

Die traubengroße Kugel aus grauem Fondant in Zylinderform rollen, dann quer in der Mitte durchschneiden. Jede Hälfte zu einem Zylinder von 4 cm Länge rollen. Leicht abflachen und mit dem Modellierstab eine kleine Mulde eindrücken (6).

Die beiden erbsengroßen Kugeln aus rosafarbenem Fondant zu Kegeln rollen, die etwas kleiner sind als die grauen Ohren. Diese mit einem Tupfen Wasser in die Mulde der grauen Ohren kleben.

Die Ohren mit rohen Spaghetti von 3 cm Länge am Kopf befestigen.

AUGEN

Mit dem Modellierstab oder dem Ende eines Malpinsels zwei kleine Augenhöhlen in den Kopf drücken (7).

Zwei kleine Kugeln aus der erbsengroßen Kugel aus schwarzem Fondant formen und als Pupillen in die Augenhöhlen drücken.

SCHNURRBARTBACKEN

Die beiden erbsengroßen Kugeln aus grauem Fondant sanft zwischen den Fingern zu Schnurrbartbacken in der gewünschten Form kneten. Mit einem Tupfen Wasser in das Gesicht kleben.

SCHNURRBARTHAARE

Mit dem Messerrücken drei Linien in jede Schnurrbartbacke kerben (8).

NASE

Die erbsengroße Kugel aus rosafarbenem Fondant rollen und leicht kneten, um ein Dreieck zu formen (genauso wie eine Hasennase). Die Nase mit einem Tupfen Wasser genau über die Mitte der Schnurrbartbacken kleben.

ZÄHNE

Die erbsengroße Kugel aus weißem Fondant auf 2 mm Dicke ausrollen. Mit einem Messer zu einem Viereck schneiden, dann in der Mitte eine Linie ziehen, um die großen Hasenzähne zu markieren. Mit einem Tupfen Wasser die Zähne genau unter und zwischen die Schnurrbartbacken kleben (9).

SPORTHUNDE

Die Sporthunde eignen sich für Sportler und Sportbegeisterte. Ganz sicher passen sie nicht zu Leuten wie mir, die nicht schwimmen, einen Ball fangen oder um den Block rennen können, ohne nach Luft zu schnappen. Diese Figuren sind für Leute, die unglaublich, nun ja, sportlich sind!

Sporthunde verbringen ihre Vormittage mit Trainieren; ihre Behausungen sind in der Regel vollgestopft mit Fitnessgeräten und sie rühmen sich ihrer Fitness. Jede Jahreszeit hält für Sporthunde eine andere Sportart bereit, wenn sie nicht wichtige Tätigkeiten wie die des Rettungshundes oder Polizeihundes ausüben.

Diese Figuren eignen sich für alle Freundinnen und Freunde, die für den Sport leben. Wenn du also eine Sportfigur für dich oder eine andere Person herstellst, berücksichtige dabei den entsprechenden Lieblingssport – oder vielleicht hast du einen Lieblingssportler? Du kannst die Sportart hervorheben, indem du einen Baseball oder einen Fußball gestaltest – und du kannst sogar die Farben der Lieblingsmannschaft der beschenkten Person einbringen, entweder auf der Figur oder auf dem Kuchen, der deinen Figuren als Bühne dient.

ARBEITSMATERIAL

Kleines Küchenmesser
Mittlerer Malpinsel
Plastikbeutel mit Zip-Verschluss
Modellierstab

ZUTATEN – 1 SPORTHUND

Tylose
20 g gefärbter Rollfondant (Körper)
2 erbsengroße Kugeln gefärbter
    Rollfondant (Hinterbeine)
1 traubengroße Kugel gefärbter
    Rollfondant (Vorderbeine)
50 g gefärbter Rollfondant (Kopf)
Rohe Spaghetti
2 erbsengroße Kugeln gefärbter
    Rollfondant (Ohren)
je 1 erbsengroße Kugel schwarzer
    Rollfondant (Augen und Nase)
1 erdnussgroße Kugel gefärbter
    Rollfondant (Schwanz)

FONDANT FÄRBEN

Wenn möglich, die Farben am Vortag mischen, damit sich intensive Farben besser verarbeiten lassen (s. S. 178–179).

ABMESSEN UND ROLLEN

Die für jedes Körperteil benötigte Menge abmessen und zu einer Kugel rollen. In einem Plastikbeutel mit Zip-Verschluss vor dem Austrocknen bewahren.

KÖRPER

Die 20-g-Kugel aus gefärbtem Fondant in Erbsenform rollen. Flach hinlegen (1).

HINTERBEINE

Die beiden erbsengroßen Kugeln aus gefärbtem Fondant in Tropfenform rollen, indem eine Seite sanft etwas dünner gerollt wird. Den Tropfen mit dem Finger abflachen, dann mit dem Messerrücken am breiten Ende einkerben, um Pfoten zu formen. Die Pfoten unterhalb des Körpers mit einem Tupfen Wasser ankleben. Die Pfoten mit dem Finger in Position kneten.

VORDERBEINE

Die traubengroße Kugel aus gefärbtem Fondant zu einer Wurst rollen. Mit dem Messer die Wurst in der Mitte schräg durchschneiden. Bei jeder Wurst ein Ende etwas dünner rollen als das andere. Am breiten Ende mit dem Messerrücken zwei Linien einkerben, damit eine Pfote entsteht. Die Vorderbeine mit einem Tupfen Wasser an den Hund kleben (2).

KOPF

Die 50-g-Kugel aus gefärbtem Fondant zu einer weichen, rissfreien und perfekt runden Kugel rollen. Auf eine flache Oberfläche legen. Mit dem Zeigefinger sanft auf die eine Seite der Kugel drücken, um sie etwas abzuflachen, damit ein Hundekopf entsteht. Mit dem Messerrücken durch einkerben eines „V" direkt unter der Nase die Hundeschnauze markieren (3).

Zwei 3 cm lange Stücke aus rohen Spaghetti halb in die untere Kopfseite stecken. Der Kopf auf dem Körper befestigen, indem die Spaghettistücke, die herausschauen, oben in den Körper gesteckt werden.

OHREN

Die beiden anderen erbsengroßen Kugeln aus gefärbtem Fondant mit dem Finger zu ovalen Hundeohren formen (4). Die Ohren mit einem Tupfen Wasser oben an den Kopf kleben (5).

AUGEN

Mit dem Modellierstab zwei kleine Augenhöhlen in den Kopf drücken. Zwei kleine Kugeln aus der erbsengroßen Kugel aus schwarzem Fondant rollen und in die Augenhöhlen drücken.

SCHWANZ

Die erdnussgroße Kugel aus gefärbtem Fondant zu einer langen Wurst rollen. Ein Ende mit dem Finger abflachen und dieses Ende mit einem Tupfen Wasser unter den Körper kleben.

NASE

Die restliche erbsengroße Kugel aus schwarzem Fondant zwischen den Fingern platt drücken, um die Hundenase nach Wunsch zu formen – am besten sieht sie aus, wenn sie leicht oval ist. Mit einem Tupfen Wasser in das Gesicht des Hundes kleben (6).

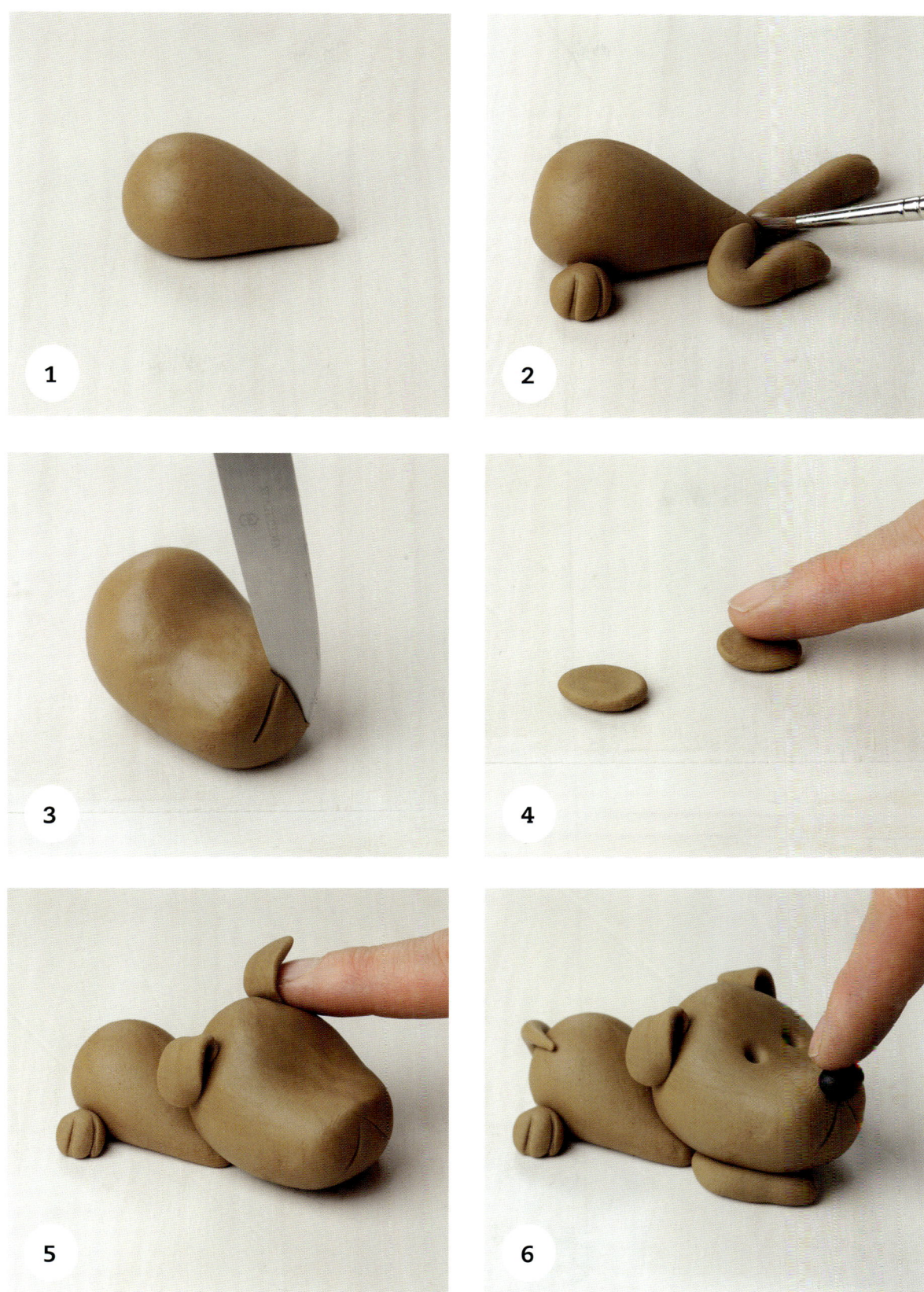

ENGELCHEN

Wir haben ein Neugeborenes in unserer Familie. Es ist ein Mädchen namens Tilly und alle sind vor Freude außer sich. Während das Baby schläft, können meine Mutter und meine Tante nicht den Blick von ihm wenden, denn sie sind einigermaßen davon überzeugt, dass es sich um das schönste Baby handelt, das sie jemals gesehen haben – obwohl mir meine Mutter versichert, auch ich sei ein recht hübsches Baby gewesen – immerhin ein Trost.

Alle Familienmitglieder haben die Geschäfte geplündert, um Geschenke für Tilly zu besorgen. Sie hat mehr Spielzeug, als irgendjemand, den ich kenne, und sie ist noch nicht einmal alt genug, um damit zu spielen. Ihre Eltern fotografieren jede ihrer Bewegungen, und das Wechseln der Windeln finden sie allen Ernstes niedlich.

Warum so viel Wirbel um dieses Baby? Weil es das jüngste Familienmitglied ist. Es macht uns Freude zu erraten, wem sie am ähnlichsten sieht (sie ist blond so wie ich). Vor allem aber möchten wir, dass sie so viel Liebe spürt wie nur möglich, damit sie immer zuversichtlich und glücklich sein kann.

Seien wir ehrlich, Babys sind nun einmal schrecklich süß, und wenn du einen kleinen Bruder, eine kleine Schwester oder Cousins hast, hast du alle Chancen, einmal ihr größter Held zu werden. Was also eignet sich besser als Geschenk für ein Baby oder für werdende Eltern, als eine Babyfigur?

ARBEITSMATERIAL

Kleines Küchenmesser
Mittlerer Malpinsel
Plastikbeutel mit Zip-Verschluss
Modellierstab
Rohe Spaghetti

ZUTATEN – 1 ENGELCHEN

Tylose
46 g gefärbter Rollfondant für Körper (20 g), Beine (20 g) und Arme (6 g)
je 2 erbsengroße Kugeln hautfarbener Rollfondant für Hände, Füße und Ohren
50 g hautfarbener Rollfondant (Kopf)
1 erbsengroße Kugel schwarzer Rollfondant (Augen)
2 erbsengroße Kugeln weißer Rollfondant (Flügel)
Roter Blütenstaub (Wangen optional)
Maismehl (Maisstärke (Wangen, optional)

FONDANT FÄRBEN

Wenn möglich, die Farben am Vortag mischen, damit sich intensive Farben besser verarbeiten lassen (s. S. 178–179).

ABMESSEN UND ROLLEN

Die für jedes Körperteil benötigte Menge abmessen und zu einer Kugel rollen. In einem Plastikbeutel mit Zip-Verschluss vor dem Austrocknen bewahren.

KÖRPER

Die 20-g-Kugel aus gefärbtem Fondant in Birnenform rollen. Auf das breite Ende stellen.

BEINE

Die andere 20-g-Kugel aus gefärbtem Fondant in Zylinderform rollen. Mit einem Messer in der Mitte schräg durchschneiden (1). Am Hüftgelenk (die Schräge) weich kneten, dann mit einem Tupfen Wasser an das Baby kleben.

ARME

Die 6-g-Kugel aus gefärbtem Fondant in Zylinderform rollen. Mit einem Messer in der Mitte schräg durchschneiden (2). Am Schultergelenk (die Schräge) weich kneten, dann mit einem Tupfen Wasser die Arme ankleben.

KNÖPFE

Mit einem Modellierstab Knöpfe in die Vorderseite des Körpers drücken, damit es aussieht wie ein Strampelanzug (3).

HÄNDE UND FÜSSE

Die vier Kugeln aus hautfarbenem Fondant in Tropfenform rollen. Mit dem Messerrücken Linien für die Zehen ritzen. Die anderen beiden Tropfen werden zu Händen: Einen Daumen schneiden und 3 Linien für die Finger einkerben. Mit einem Tupfen Wasser ankleben (4).

KOPF

Die 50-g-Kugel aus hautfarbenem Fondant zu einer weichen, rissfreien und perfekt runden Kugel formen. Die Kugel in die Innenfläche der trockenen, sauberen Hand nehmen. Nun die andere Hand wie zum Klatschen darüber legen. Mit beiden Seiten die Kugel sanft drücken, um sie abzuflachen (5).

Zwei rohe Spaghetti von 3 cm Länge zur Hälfte von unten in den Kopf stecken. Den Kopf auf dem Körper befestigen, indem die herausragenden Spaghettistücke in der Körper gesteckt werden.

OHREN

Die beiden erbsengroßen Kugeln aus hautfarbenem Fondant zu winzigen Kugeln rollen. Mit einem Tupfen Wasser an die Kopfseiten kleben. Mit dem Modellierstab in jedes Ohr eine Mulde drücken (6).

AUGEN

Mit dem Modellierstab zwei kleine Augenhöhlen in den Kopf drücken. Zwei kleine Mulden aus dem schwarzen Fondant rollen und in die Augenhöhlen drücken.

MUND

Mit dem Ende eines Malpinsels eine kleine Mulde als Mund in das Babygesicht drücken.

FLÜGEL

Die beiden erbsengroßen Kugeln aus weißem Fondant in Tropfenform rollen und dann abflachen. Mit einem Tupfen Wasser am Rücken des Babys festkleben.

WANGEN (OPTIONAL)

Für süße rosa Wangen etwas roten Blütenstaub mit Maismehl verdünnen und mit einem trockenen Malpinsel auftragen

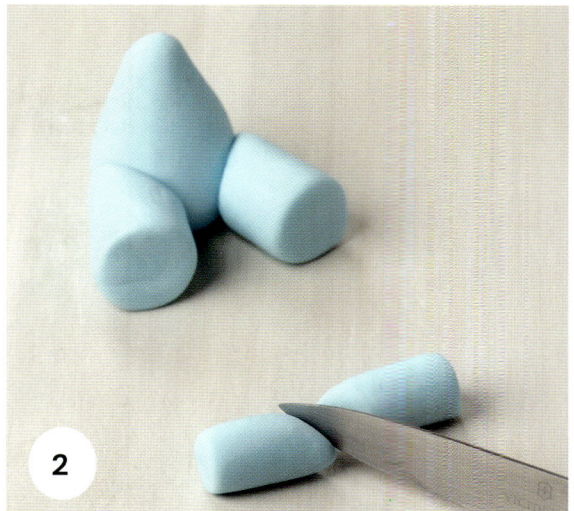

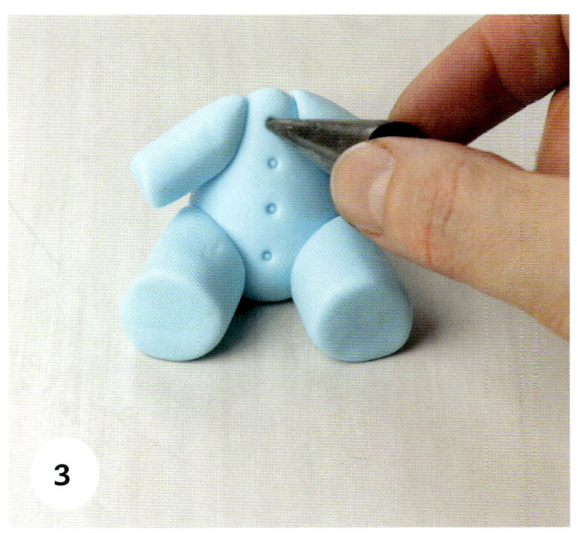

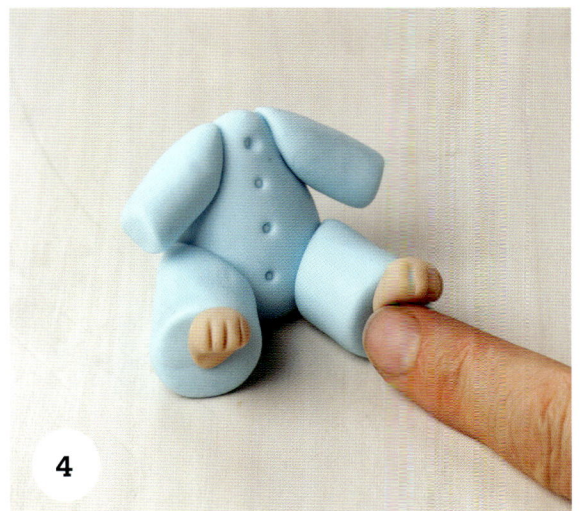

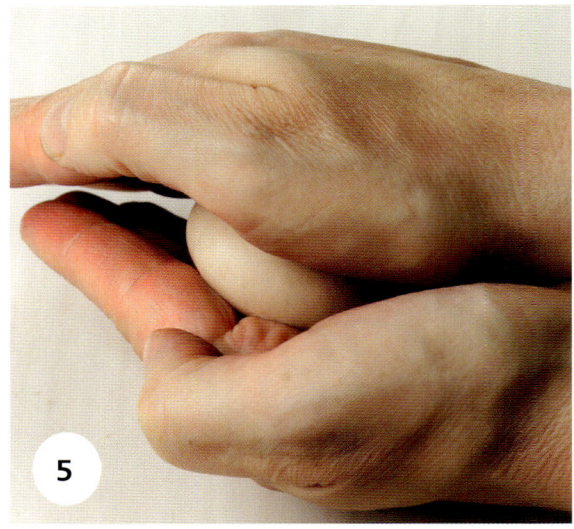

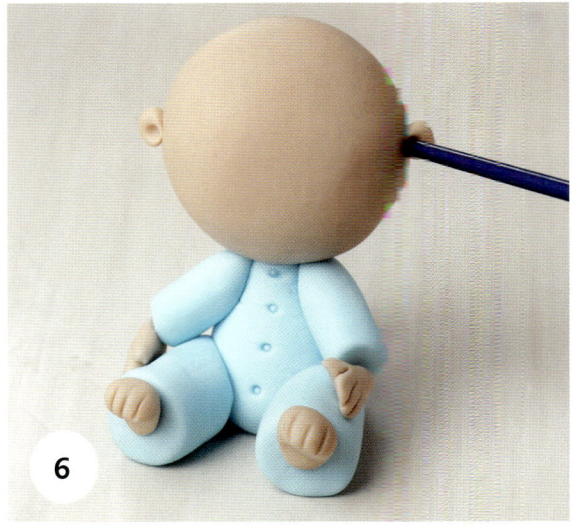

SUPERHELDEN-FAMILIE

Meine wunderbare Familie besteht aus lauter irren Leuten. Das älteste Familienmitglied ist 96, das jüngste ist ein Baby, und dazwischen gibt es von allem etwas. Mein Bruder ist ein echter Stinker, der niemals hinter sich aufräumt; mein Papa ist jedermanns Liebling. Ich habe eine Stiefmutter, deren Lachen so laut ist, dass dir die Ohren klirren, und meine Mama arbeitet gern im Garten. Dann ist da meine Tochter Estelle, die einen Pferdetick hat. Ja, und ich ... ich bin die „Prinzessin auf der Erbse", weshalb mich jeder gern neckt. Jeder Mensch hat eine andere Familie, und das ist wunderbar. Wenn du also Familienfiguren herstellst, denke nicht nur an die Personen, mit denen du unter einem Dach lebst, sondern an alle Personen, die du lieb hast und als wirklich wichtig erachtest.

Die Figuren haben die beste Wirkung, wenn du überlegst, was die dargestellte Person in deiner Familie einzigartig macht. Wenn ich zum Beispiel eine Figur von meinem Bruder mache, umgebe ich sie stets mit alten Pizzaschachteln und Apfelgripsen, weil er so unordentlich ist. Eine Figur meiner Mutter müsste eine Blume in der Hand halten.

Vielleicht gibt es in deiner Familie ja eine ganz besondere Person? Jede Familie hat einen Superhelden – oder zwei! Dieser Figur könntest du doch einen Superman-Umhang geben – wäre doch cool! Und natürlich kannst du der Figur deren Lieblingsfarben verleihen.

DAS WIRD BENÖTIGT

ARBEITSMATERIAL
Kleines Küchenmesser
Mittlerer Malpinsel
Plastikbeutel mit Zip-Verschluss
Modellier- und Rollstab
Tonpistole (optional)
Rohe Spaghetti
Großer Plastiktrinkhalm

ZUTATEN – 1 ERWACHSENER
Tylose
30 g hautfarbener Rollfondant (Kopf)
40 g gefärbter Rollfondant (Körper)
5 g Rollfondant in Kontrastfarbe (Turnhose)
5 g schwarzer Rollfondant (Schuhe)
2 traubengroße Kugeln gefärbter Rollfondant (wie der Körper; für die Arme)
1 erdnussgroße Kugel hautfarbener Rollfondant (Hände)
15 g gefärbter Rollfondant (Umhang, optional)
je 1 erbsengroße Kugel weißer und schwarzer Rollfondant (Augen)
2 erbsengroße Kugeln hautfarbener Rollfondant (Ohren)
20 g gefärbter Rollfondant (Haare)

ZUTATEN – 1 KIND

15 g hautfarbener Rollfondant (Kopf)

20 g gefärbter Rollfondant (Körper)

1 traubengroße Kugel Rollfondant in Kontrastfarbe (Turnhose)

1 traubengroße Kugel schwarzer Rollfondant (Schuhe)

2 erdnussgroße Kugeln gefärbter Rollfondant (Arme)

1 erbsengroße Kugel hautfarbener Rollfondant (Hände)

10 g gefärbter Rollfondant (Umhang, optional)

1 erbsengroße Kugel weißer Rollfondant (Augen)

1 erbsengroße Kugel schwarzer Rollfondant (Augen)

1 erbsengroße Kugel hautfarbener Rollfondant (Ohren), in der Mitte durchgeschnitten

10 g gefärbter Rollfondant (Haare)

ZUTATEN – 1 BABY

15 g hautfarbener Rollfondant (Kopf)

10 g gefärbter Rollfondant (Körper)

1 traubengroße Kugel Rollfondant in Kontrastfarbe (Turnhose)

2 erbsengroße Kugeln gefärbter Rollfondant (Beine)

1 erbsengroße Kugel Rollfondant in Kontrastfarbe (Füße)

2 erbsengroße Kugeln hautfarbener Rollfondant (Arme)

5 g gefärbter Rollfondant (Umhang, optional)

2 erbsengroße Kugeln gefärbter Rollfondant, Kontrastfarbe (Schnuller)

1 erbsengroße Kugel hautfarbener Rollfondant (Ohren)

1 traubengroße Kugel gefärbter Rollfondant (Haarschopf)

Superheld – Erwachsener

Fondant färben: Wenn möglich, die Farben am Vortag mischen, damit sich intensive Farben besser verarbeiten lassen (s. S. 178–179).

Abmessen und rollen: Die für jedes Körperteil benötigte Menge abmessen und zu einer Kugel rollen. In einem Plastikbeutel mit Zip-Verschluss vor dem Austrocknen bewahren.

Kopf: Die 30-g-Kugel hautfarbenen Fondant zu einer weichen, rissfreien, perfekt runden Kugel rollen

Körper: Die 40-g-Kugel aus gefärbtem Fondant zu einem Zylinder von 6 cm Länge rollen. Mit dem Messer in der Mitte durchschneiden (1).

Turnhose: Die 5-g-Kugel Fondant in Kontrastfarbe zu einer Scheibe im Umfang des Körpers abflachen. Die Vorderseite in Turnhosenform kneten (2).

Schuhe: Die 5-g-Kugel aus schwarzem Fondant zu einer Scheibe im Umfang des Körpers drücken (3).

Körper zusammensetzen: Die Turnhosen mit einem Tupfen Wasser zwischen die oberen und die unteren Körperteile kleben. Mit einem Tupfen Wasser die Schuhe unten an den Körper kleben. Den Zylinder sanft rollen, damit alle Teile miteinander verschmelzen (4). Für die Beine mit dem Messerrücken eine Linie von oben nach unten in die untere Körperhälfte von der Turnhose bis zu den Schuhen kerben (5).

Zwei rohe Spaghetti von 3 cm Länge zur Hälfte von unten in den Kopf stecken. Den Kopf auf dem Körper befestigen, indem die herausragenden Spaghettistücke in den Körper gesteckt werden. Den Körper flach auf eine Arbeitsoberfläche legen und trocknen lassen.

Arme und Hände: Die beiden traubengroßen Kugeln aus gefärbtem Fondant zu Würsten rollen, dann mit

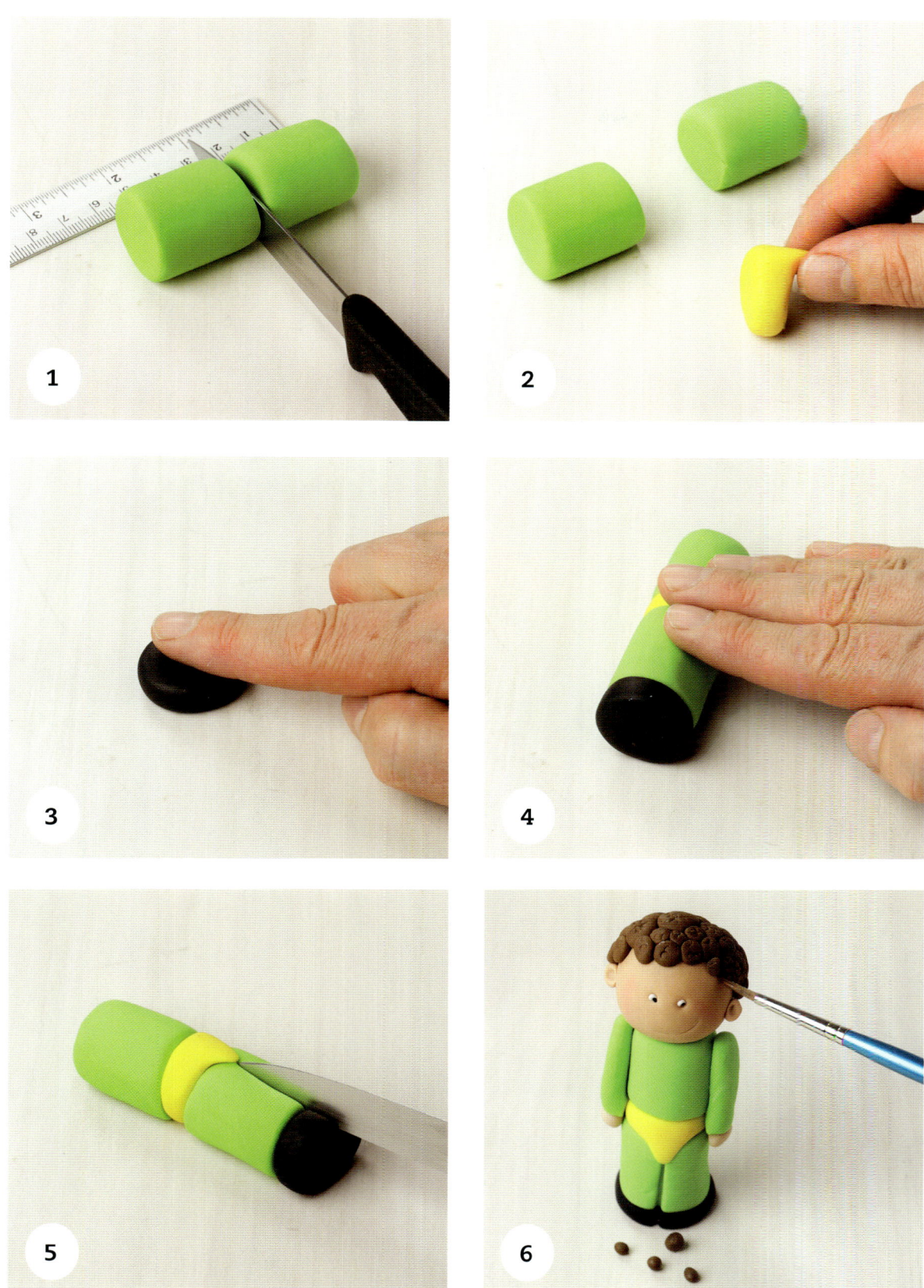

einem Tupfen Wasser an die Körperseiten kleben und flach herunterhängen lassen. Für die Hände die erdnussgroßen Kugeln aus hautfarbenem Fondant in zwei Stücke aufteilen. Jedes Stück zu Kugeln rollen und an die Enden der Arme kleben. Mit dem Messerrücken Finger einkerben.

Umhang (optional): Die 15-g-Kugel aus gefärbtem Fondant auf 3 mm Dicke ausrollen. Mit dem Messer ein Rechteck mit 6 cm Breite und der Höhe des Superhelden ausschneiden. Den Umhang auf die Schultern kleben, 1 cm der oberen Kante einrollen, um einen Kragen zu formen.

Gesicht: Mit dem Modellierstab zwei Augenhöhlen in den Kopf drücken. Aus dem weißen Fondant zwei kleine Kugeln rollen und in die Augenhöhlen stecken. Aus dem schwarzen Fondant zwei kleinere Kugeln rollen und als Pupillen auf die Augen drücken. Den Mund mit einem Messerrücken formen. Den Kopf mit den Spaghetti am Körper befestigen.

Ohren: Die beiden erbsengroßen Kugeln aus hautfarbenem Fondant zu winzigen Kugeln rollen. Mit einem Tupfen Wasser an die Seiten des Kopfes kleben. Mit dem Modellierstab in jedes Ohr eine Mulde drücken.

Haare

Lockenhaar: Die 20-g-Kugel aus gefärbtem Fondant kneten, bis sie glatt und geschmeidig ist. Kleine Stückchen abkneifen, in winzige Kugeln rollen und mit einem Tupfen Wasser an den Kopf kleben (6).

Cooler Typ: Die 20-g-Kugel aus gefärbtem Fondant glatt und geschmeidig kneten. Auf 2 mm Dicke ausrollen. Kleine, längliche Dreiecke ausschneiden, dann die spitzen Enden mit einem Tupfen Wasser an den Kopf kleben. Den Rest des Haars aufrollen.

Mamas Haare: Die 20-g-Kugel aus gefärbtem Fondant glatt und geschmeidig kneten. Auf 2 mm Dicke ausrollen. Mit der Tonpistole Spaghetti-Stränge pressen und diese mit einem Tupfen Wasser am Kopf festkleben.

Omas Haar: Die 20-g-Kugel aus gefärbtem Fondant glatt und geschmeidig kneten. Auf 2 mm Dicke ausrollen. Mit dem Messer einen Kreis ausschneiden und auf den Kopf kleben, Überstände mit der Schere abschneiden. Aus einem Reststück Fondant eine kleine Kugel formen und mit einem Tupfen Wasser als Dutt auf den Haarkreis kleben. Mit dem Messerrücken Haarlinien einritzen.

Superheld – Kind & Baby

Die Anleitungen für den erwachsenen Superhelden befolgen, jedoch darauf achten, dass alle Körperteile kleiner sein müssen.

Kopf: Die 15-g-Kugel aus hautfarbenem Fondant zu einer weichen, rissfreien und perfekt runden Kugel rollen (1).

Körper: Für den Körper die 10-g-Kugel aus gefärbtem Fondant in Birnenform rollen. Für den Slip die traubengroße Kugel aus gefärbtem Fondant zu einer Scheibe im Umfang der Unterseite des Körpers drücken – sie muss vielleicht mit einem Messer zugeschnitten werden. Die Scheibe mit einem Tropfen Wasser an die Unterseite des Körpers kleben und den Körper hin- und her rollen, damit Scheibe und Körperunterseite miteinander verschmelzen (2).

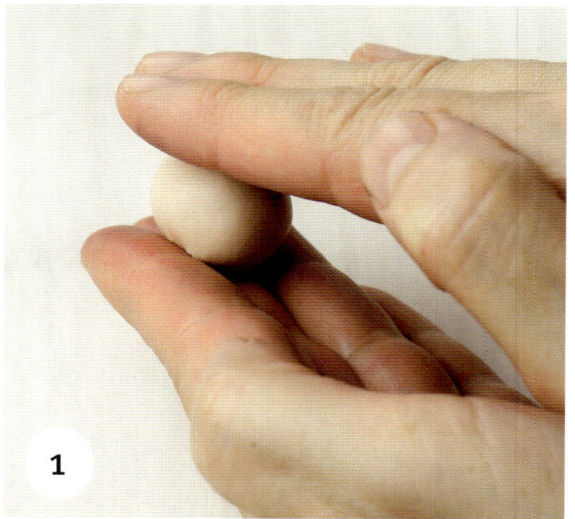

Beine und Füße: Für die Beine die beiden erbsengroßen Kugeln aus gefärbtem Fondant zu zwei Würsten rollen. An einer Seite abschrägen und die schräge Seite mit einem Tupfen Wasser am Baby festkleben. Für die Füße die andere erbsengroße Kugel aus gefärbtem Fondant in der Mitte durchschneiden und zu zwei Kugeln formen. Die Kugeln auf zwei Scheiben im Umfang der Beinenden zusammendrücken. Mit einem Tupfen Wasser an den Beinen festkleben.

Arme: Die beiden erbsengroßen Kugeln aus hautfarbenem Fondant zu Würsten rollen. Mit einem Tupfen Wasser an den Körper kleben.

Umhang (optional): Unter Verwendung der 5-g-Kugel aus gefärbtem Fondant ebenso verfahren wie für den Erwachsenen.

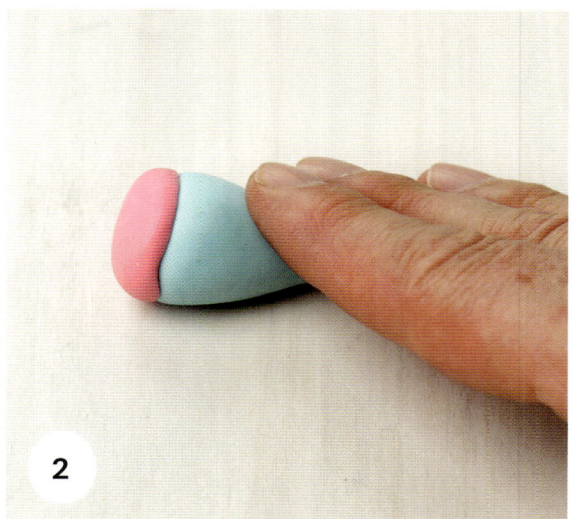

Gesicht und Schnuller: Mit dem Plastikstrohhalm zwei Augenlider für das Baby einkerben, oder die Augen ebenso wie für den Erwachsenen unter Verwendung kleiner Kugeln aus weißem und schwarzem Fondant gestalten. Für den Schnuller zwei der erbsengroßen Kugeln aus Fondant in Kontrastfarbe nehmen; darauf achten, dass eine Kugel halb so groß ist wie die andere. Die Kugeln flach drücken und mit einem Tupfen Wasser an den Babymund kleben. Für die Ohren die erbsengroße Kugel aus hautfarbenem Fondant zu zwei winzigen Kugeln rollen. Mit einem Tupfen Wasser an den Kopf kleben. Mit einem rohen Spaghettistück von 5 cm Länge den Kopf am Körper befestigen.

Haarzipfel: Die traubengroße Kugel aus gefärbtem Fondant zu einem kleinen Kegel rollen. Den Kegel in sich drehen und mit einem Tupfen Wasser am Kopf festkleben (3).

TIPPS UND TRICKS

DIE PERFEKTE PLANUNG, VOR- UND ZUBEREITUNG

PLANUNG

Gehen Sie zwei Wochen vor Arbeitsbeginn das Rezept durch um sicherzustellen, dass alle benötigten Arbeitsmaterialien und Zutaten vorhanden sind. Die Herstellung und Dekoration von Kuchen und Torten dauert stets länger als gedacht, und eine gute Organisation macht die Sache wesentlich einfacher.

Bedenken Sie, dass manche Produkte oder Arbeitsmaterialien nur beim Fachhändler zu bekommen und nicht immer vorrätig sind. Sie sollten sie eventuell im Voraus bestellen.

ENTWÜRFE

Die in diesem Buch vorgestellten Entwürfe können exakt befolgt werden oder, wenn man etwas Übung gewonnen hat, auf der Grundlage eigener Ideen abgewandelt werden. Die einfachste Veränderung betrifft die Farbpalette, aber auch figürliche Teile können nach eigenen Wünschen gestaltet werden. Die vorgestellten Techniken sind ohne weiteres auf andere Entwürfe übertragbar, sobald man mit ihnen vertraut geworden ist. Und selbstverständlich sind die Kuchen, Torten und Figuren untereinander beliebig austauschbar.
Anmerkung: Die Figuren können nicht essbare Teile wie Zahnstocher enthalten, die vor dem Verzehr entfernt werden müssen.

VORBEREITUNG DES ARBEITSPLATZES

Ich kann nicht genug betonen, wie wichtig es ist, den Arbeitsplatz vor Arbeitsbeginn einzurichten. Es sollte sichergestellt sein, dass alles Benötigte vorhanden ist, wie z.B. Platz im Tiefkühler, wenn der Kuchen vor dem Dekorieren eingefroren werden soll; ausreichend Platz auf der Arbeitsoberfläche und genügend Bretter und Platten. Alle Arbeitsmaterialien und Zutaten sollten griffbereit sein wie z.B. Maismehl (Maisstärke), um die Arbeitsoberfläche und Plastikfolien zu bestäuben.

Fondant trocknet sehr schnell aus und sollte bei Nichtgebrauch sofort in Plastik eingewickelt werden. Bereits ausgerollten Fondant mit Plastikfolie abdecken.

DER DREI-TAGE-PLAN

Dieser Plan ist sehr wichtig. Wenn man einen wirklich gelungenen, professionell aussehenden Kuchen herstellen möchte, wird man diese drei Tage benötigen – jede Bemühung, die Sache zu beschleunigen, ist sinnlos und mit viel Stress verbunden.

Kuchen und Torten, die nicht genügend Zeit zum Auskühlen hatten, oder Ganache, die nicht hinreichend trocknen konnte, werden für die übrige Dekoration eine mangelhafte Unterlage abgeben.

Tag 1: Den Kuchen backen und lange genug auskühlen lassen. Die meisten unserer Kuchen (s. S. 24–27) halten in einem luftdichten Behälter im Kühlschrank bis zu eine Woche lang, bzw. im Tiefkühler bis zu 2 Monate lang.

Tag 2: Den Kuchen schneiden und mit Ganache überziehen (s. Kuchentechniken, S. 28–41) und lange genug ruhen lassen.

Tag 3: Kuchen dekorieren.

Es folgen einige Tipps, um dem Kuchen ein professionelles Erscheinungsbild zu verleihen.

GANACHE

Befolgen Sie so genau wie möglich das Verfahren zum Überziehen der Kuchen mit Ganache, um saubere und scharfe Kanten zu erzielen. Ganache schmeckt wesentlich besser als die häufig verwendete Buttercreme. Außerdem hält Ganache den Kuchen wesentlich länger frisch.

FONDANT

In der Konditorei von Planet Cake verwenden wir ausschließlich vorgefertigten Rollfondant, der zuverlässig ist und einen schönen Schimmer hat. Wir kaufen fertigen Fondant, aber für diejenigen, die ihn selbst herstellen möchten, befindet sich ein Rezept auf Seite 175.

Wir versehen unsere Kuchen zunächst mit einer glatten Schicht Ganache, die festigt und Unebenheiten verbirgt und so eine perfekte Grundlage für den Fondant abgibt. Auf diese Weise benötigen wir lediglich eine dünne Fondant-Schicht.

GEBRAUCH EINER NUDELMASCHINE

Einer unserer „Tricks" beruht darin, dass wir zum gleichmäßigen Ausrollen des Fondants eine Nudelmaschine verwenden. Sofern Sie nicht schon eine solche besitzen, lohnt es sich, ein preiswertes Exemplar zu erstehen,

wird doch auf diese Weise das Ausrollen wesentlich einfacher als mit dem herkömmlichen Nudelholz. Obendrein kann man den Spaghetti-Aufsatz verwenden, um für die Familie der Superhelden Haare zu gestalten (s. das Foto auf Seite 158).

FLEXI-SCHABER

Noch so eine praktische Erfindung, auf die wir mächtig stolz sind! Der Flexi-Schaber kann aus Hartplastik selbst hergestellt werden. Er hält stand und ist doch biegsam (s. Glossareintrag auf S. 171).

Wir verwenden den Flexi-Schaber zum Verputzen und Polieren des Fondants, worin das „Geheimnis" der scharfen Kanten liegt, die unseren Kuchen das professionelle Aussehen verleihen.

LAGERUNG UND TRANSPORT

Halten Sie den dekorierten Kuchen fern von Wasser, da Wasser die Fondantschicht „verbrennt" und Flecken hinterlässt. Sonnenlicht bleicht die Farbe des Fondants aus und Hitze erweicht ihn, sodass die Dekorationen schmelzen oder herunterfallen können.

Andererseits darf der glasierte Kuchen niemals im Kühlschrank aufbewahrt werden, da der Fondant in der feuchten Umgebung „schwitzt".

Den fertigen Kuchen in einem Kuchenbehälter aufbewahren, dabei eine Backmatte unter die Kuchenplatte legen, damit der Kuchen nicht verrutschen kann.

DAS ARBEITSMATERIAL

Im Folgenden werden die Grundarbeitsmaterialen beschrieben, die zu Herstellung der Figuren und zum Dekorieren der Kuchen benötigt werden. Es müssen nicht alle Werkzeuge auf einmal angeschafft werden; vielmehr ist es möglich, zunächst mit ein paar einfachen Arbeitsmaterialien wie Kreisausstecher, Fondantglätter und Palettenmesser zu beginnen und den „Werkzeugkasten" nach und nach aufzufüllen.

1 Ei aus Styropor (für die Babydrachen)
2 Modellierstab
3 Kugelstab
4 Grobe und feine Malpinsel; Bleistift (2B)
5 Backmatte
6 Buchstabenausstecher (für Aufschriften)
7 Lineal zum Ausmessen
8 Plastikbeutel mit Zip-Verschluss, zum Aufbewahren des Fondants
9 Maßband
10 Schere, um überstehenden Fondant abzuschneiden
11 Rohe Spaghetti, um die Figurenteile zu fixieren
12 Styroporblock zum Aufbewahren der Figuren (optional)
13 Kammschaber (optional)
14 Flexi-Schaber (1 Stück Plastik mit abgerundeten Ecken)
15 Tonpistole (optional)
16 Glatte Spritztülle (Friedhof)
17 Sternspritztülle (Comic-Kuchen)
18 Scharfes Küchenmesser
19 Pipette
20 Rollschneider (Kampfsportring)
21 Zahnstocher
22 Kreisausstecher
23 Großer Plastiktrinkhalm
24 Kleiner Rollstab
25 A4-Papierbogen und Backpapier zur Herstellung von Musterbögen

GLOSSAR

Viele der hier aufgeführten Artikel können im Fachhandel bezogen werden. Einige der eher alltäglichen Materialien finden sich im Supermarkt oder in Geschäften für Küchenzubehör.

Acetatfolie bzw. Plastikfolie. Das Allzweck-Plastikmaterial ist gebräuchlich in der Grafikkunst-, Verpackungs-, und Druckindustrie.

Alkohol zum Dekorieren enthält 5 % Rosenessenz und wird zum Übermalen und Entfernen von Fondantflecken verwendet. Ersatzweise kann Wodka verwendet werden.

Ausstecher sind in verschiedenen Größen und Formen, meistens im Set, erhältlich.

Backmatte, rutschfest Unter den Drehteller oder Kuchen gelegt, verhindert sie ein Verrutschen. Eine Backmatte leistet auch gute Dienste während des Transports im Kuchenbehälter.

Blumenband Kann verwendet werden, um Drähte oder Dübel zu bedecken, bevor diese in den Kuchen gesteckt werden. Einige Blumenbänder sind mit grünem Papier überzogen.

Blumendraht Ist in Kuchendekorationsgeschäften erhältlich. Er wird verwendet, um dreidimensionale Elemente aus Fondant zu stabilisieren bzw. um sie am Kuchen zu befestigen. Es gibt ihn in verschiedenen Stärken, die Maßeinheit für Blumendraht ist „Gauge", abgekürzt „g". Je kleiner die Zahl wird, desto dicker ist der Draht. Wir verwenden meistens Blumendraht der Stärke 22 g. Bei der Herstellung von Kuchen für Kinder ist es besser, rohe Spaghetti zu verwenden.

Buchstabenausschneider Gut geeignet für Kuchendekorateure und Köche. Sie werden in der Regel als Set aus Metall oder Plastik verkauft, wobei verschiedene Schriftarten zur Verfügung stehen.

Drehteller Ein praktisches Arbeitsmaterial, wenn Kuchen oder Torten mit Royal Icing oder Fondant überzogen werden, da so das Backwerk von allen Seiten erreichbar ist. Es gibt Drehteller im Fachhandel, wobei wir in der Planet Cake Konditorei einen Drehteller bevorzugen, der eigentlich der Befestigung eines Fernsehgeräts dient!

Einmal-Spritzbeutel aus Plastik sind im Backbedarfhandel und Supermärkten erhältlich.

Essbarer Glitzerpuder Erhältlich in vielen Farben, wird normalerweise mit Wasser oder Spritzgel verwendet.

Farbe Essbare Pastenfarbe oder flüssige Lebensmittelfarbe mit Alkohol mischen und mit einem feinen Malpinsel auf mit Fondant überzogene Kuchen auftragen.

Flexi-Schaber Unsere eigene Erfindung. Wir verwenden entweder neue Röntgenfolie (evtl. schwer zu bekommen), oder ein dünnes Stück Plastik wie Acetat, Computerfolie oder Folienordner. Das Stück Plastik zu einem Rechteck, das etwas größer ist als die Innenfläche der Hand, schneiden. Die Ecken mit der Schere rund schneiden, das Plastikstück desinfizieren und verwenden.

Den Flexi-Schaber verwenden, um die Glasur zu versäubern und zu polieren, sodass rasierklingenscharfe Kanten und sehr glatte Oberflächen entstehen. Da der Flexi-Schaber biegsam ist, kann er mit der Hand über die Glasur komplexer Kuchen und Formen so navigiert werden, dass alle Luftblasen und Ausbeulungen ausgeglichen werden und eine glatte, perfekte und professionell aussehende Glasur entsteht.

Fondant, Rollfondant, Icing Teigähnliche Masse, die ausgerollt, über einen Kuchen gezogen und dann angedrückt wird. Die wesentlichen Bestandteile sind Puderzucker mit einer Zugabe an Gelatine, Maissirup (oder Glucosesirup) und Glyzerin zur Herstellung einer geschmeidigen, süßen Paste. Fondant verleiht dem Kuchen eine schöne, porzellanartige Oberfläche, die mit Dekorationen versehen werden kann, z.B. durch Bemalen, Einkneifen, Eindrücken oder Stanzen. Die Grundfarbe des Fondants ist Weiß oder Elfenbein, die in jeder Regenbogenfarbe gefärbt werden kann.

Fondant kann auch zum Modellieren und Ausschneiden bzw. Ausstechen dreidimensionaler Figuren und Dekorationen wie Bänder, Schleifen und Herzen usw. verwendet werden.

Ganache ist eine Mischung aus Schokolade und Sahne. Sie kann aus dunkler Schokolade, Milchschokolade oder weißer Schokolade hergestellt sein und wird für die Füllung oder die Glasur von Kuchen und Torten verwendet.

Glanzpulver, Glanzpuder Schafft einen leuchtenden Effekt z.B. auf Zuckerblüten. Es gibt verschiedene Effekte wie Perlmutt, Glitzer und Glanz.

Glätter Rechteckige „Paddel" aus Plastik mit einem Griff auf der Oberseite werden verwendet, um Luftblasen aus dem Fondant zu drücken und die Oberfläche zu glätten und zu polieren. Zum Überziehen eines Kuchens werden mindestens zwei Fondantglätter benötigt.

Glyzerin Eine farblose, geruchfreie, dicke Flüssigkeit, hergestellt aus Fetten und Ölen, verwendet, um Feuchtigkeit in Lebensmitteln zu halten und Süße hinzuzufügen. Kann in Glasur gerührt werden, um die Konsistenz zu korrigieren, oder um Fondant oder Royal Icing weicher zu machen. Es kann auch verwendet werden, um getrocknete Glasurfarben zu erweichen.

Guss ist ein Produkt oder eine Mischung, die Kuchen, Torten oder Dekorationen ein glänzendes Äußeres verleiht.

Kammschaber Der Kammschaber eignet sich vorzüglich zum Einkerben von Mustern. Im Konditorgewerbe ist er vielfach einsetzbar. Er besteht entweder aus Plastik oder aus Edelstahl. In der Regel handelt es sich um ein Dreieck oder ein Rechteck, aber auch andere Formen sind nicht ungewöhnlich. Der Kammschaber ist im Backbedarfhandel erhältlich.

Kuchenplatte, Kuchenbrett Wir verwenden Kuchenplatten aus silberner oder goldener Holzfaserplatte, die im Backbedarfhandel erhältlich sind. Im Text unterscheiden wir zwischen einem Kuchenbrett, das als Präsentierplatte dient, und dem Vorbereitungsbrett.

Kugelstab Dieser Plastikstab ist an jedem Ende mit einer Kugel versehen. Eignet sich zum Modellieren von Mulden und glatten Kurven oder Blütenblättern.

Kuvertüre Kuvertüre ist natürliche, süße Schokolade, die außer Kokosbutter keine weiteren Fettzusätze enthält. Sie wird verwendet zum Dippen, Formen, Überziehen.

Maismehl (Maisstärke) Zu verwenden, um vor dem Ausrollen von Fondant die Arbeitsoberfläche zu bestäuben. Das Mehl ist sparsam zu verwenden, da es den Fondant austrocknen kann. Es ist feiner als Puderzucker.

Malpinsel Feine Malpinsel werden verwendet zum Bemalen, um Krümel oder Glasurreste aus kniffligen Ecken zu entfernen, oder um Pulverfarben oder flüssige Farben aufzutragen. Breite Pinsel werden verwendet, um Reste vom Kuchenbrett zu pinseln.

Marzipan oder Mandelpaste, hergestellt aus blanchierten Mandeln und Puderzucker. Wird verwendet als sehr dünne Schicht auf Obstkuchen, bevor dieser mit Royal Icing oder Zuckerpaste bedeckt wird.

Modellierstab wird verwendet, um weiche Oberflächen wie Zuckerpaste, Modellierpaste, Blumenpaste oder Marzipan bzw. Fondant zu „modellieren", z.B. durch Einkerben.

Nudelmaschine Wird verwendet zur Herstellung von Pasta. Eignet sich ideal zum Ausrollen von Fondant in gleichmäßiger Dicke.

Palettenmesser Ein flaches Metallmesser zum Glätten von Ganache. Es eignet sich auch, um den Kuchen vom Vorbereitungsbrett auf die Präsentierplatte zu heben. Es gibt auch abgewinkelte Palettenmesser, bei denen die Klinge zum Griff hin abgewinkelt ist. Hiermit lässt sich Ganache auf Kuchen und Cupcakes verteilen und glätten.

Präsentierplatte Der Kuchen oder die Torte wird darauf gesetzt, um einen Teil der Dekoration zu bilden. Die Präsentierplatte ist 10–15 cm größer als der Kuchen oder die Torte.

Rollschneider (Radler) Ein gezacktes Rädchen an einem Griff. Eigentlich beim Nähen verwendet, um Schnittmuster auszurädeln, eignet sich dieses Werkzeug auch hervorragend um einen Nahteffekt in den Fondant zu zaubern. Es gibt zwei Versionen: mit gezacktem oder mit glattem Rad. Für den Fondant benötigen Sie ein gezacktes Rad, zu beziehen im Kurzwarengeschäft.

Rollstab Ein kleiner Rollstab eignet sich bestens zum Ausrollen kleiner Stücke aus Fondant. Im Fachhandel für Konditorenbedarf gibt es großartige Exemplare, aber die preiswertesten, die wir verwenden, stammen aus Kinderbacksets. Wir verwenden auch große Rollstäbe zum Ausrollen des Fondants. Es gibt verschiedene Modelle: ohne Griffe; mit fest eingebauten Griffen; oder, unser Favorit, mit Griffen, die mit einem Innenstab verbunden sind.

Rollstäbe aus Holz, Marmor oder Silikon sollten absolut glatte Oberflächen ohne Einbeulungen oder Ausstülpungen, die sich auf den Fondant übertragen könnten, sein

Royal Icing ist eine Mischung aus Eiweiß und Puderzucker, versetzt mit etwas Zitronensaft oder Essig. Royal Icing härtet stark aus. Es kann mit Lebensmittelfarbe gefärbt und über Kuchen und Platten verteilt werden. Auch für den Spritzbeutel geeignet. Verwenden entweder als Fertigmischung, die nur mit Wasser angerührt wird, oder hausgemacht gemäß dem Rezept auf Seite 177.

Sirup Zuckersirup oder Tränksirup ist eine Mischung aus gleichen Anteilen kochenden Wassers und Konfitüre (s. Rezept auf S. 176). Der Sirup wird über geschnittene Oberflächen gestrichen, damit sie nicht vor dem Glasieren austrocknen. Oder der Sirup wird zwischen die Ganache-Schicht und die Glasur gestrichen, damit der Fondant besser haftet. Sirup kann mit Alkohol aromatisiert werden.

Spritzbeutel und Tüllen Die Tüllen werden auf den Spritzbeutel aufgesetzt und formen die Dekorationen aus Fondant. Größe und Form der Tülle bestimmen daher die Form der Dekoration. Mit runden Tüllen lassen sich Punkte, Ränder und Aufschriften herstellen.

Spritzgel Ein klares, klebriges Gel, das durch Erhitzen flüssig wird. Auch wenn es trocknet, bewahrt es seinen samtenen Glanz.

Styropor-Ei Ein Styroporstück in Form eines Eis. Erhältlich, vor allem vor Ostern, im Bastelgeschäft.

Teigschaber Ein flaches Stück Metall oder Plastik (am besten ist Edelstahl) mit einer geraden Seite, um während der Zubereitung überstehende Ganache von der Seite des Kuchens oder der Torte zu schaben. Metallschaber gibt es im Fachhandel oder im Internet. Anstelle eines Schabers kann ein Lineal aus Metall verwendet werden. Siehe auch: Flexi-Schaber.

Tonpistole, Modellierpistole Wir verwenden die Tonpistole anstelle der Modellierpistole für Zuckerwerk. Beide können verwendet werden, aber unserer Erfahrung nach ist die Tonpistole preiswerter und widerstandsfähiger. Man bekommt sie im Bastelladen.

Tylosepulver Kann Fondant, Marzipan oder Royal Icing beigemischt werden, um eine starke Modellierpaste, die hart austrocknet, zu erzeugen. Tylosepulver kann auch, mit etwas Wasser angerührt, als dicker, starker, essbarer Kleber verwendet werden.

Vorbereitungsbrett Das Vorbereitungsbrett hat dieselbe Größe wie der Kuchen oder die Torte. Ein Kuchen mit 22 cm Durchmesser steht zum Beispiel auf einem runden Vorbereitungsbrett von 22 cm. Auf dem Vorbereitungsbrett kann man mit Ganache usw. arbeiten, ohne die Präsentierplatte zu verschmutzen.

Vorgefärbter Fondant Um roten oder schwarzen Fondant herzustellen, wird vorgefärbter Fondant benötigt, der in Kuchendekorationsgeschäften erhältlich ist. Der Vorteil des vorgefärbten Fondants beruht in der Intensität des Farbpigments.

Winkelschaber Ein rechteckiger Schaber mit 90°-Winkel (siehe Teigschaber).

Zuckerkleber Es muss lediglich ein Tupfen Wasser hinzugefügt werden, um Dekorationen oder Fondantstücke auf der Oberseite zu befestigen. Der essbare Kleber wird wie normaler Kleber verwendet. Es ist darauf zu achten, dass die zu klebenden Teile nicht zu feucht werden.

ICING REZEPTE

Ganache

Die ideale Schokoladen-Ganache besteht aus Kuvertüre mit einem Kakaogehalt von 53–63 Prozent. Bei kalter Witterung muss eventuell etwas mehr Sahne hinzugefügt oder der Schokoladenanteil etwas reduziert werden, damit die Ganache nicht zu hart wird. Wenn keine erhältlich ist, versuchen Sie es mit dunkler Schokolade aus der Süßwarenabteilung des Supermarkts.

Zubereitung: 15 Minuten
Kochzeit: 10 Minuten
Ergibt ca. 1,8 kg, ausreichend zum Überziehen eines jeden Kuchens in diesem Buch (mit etwas Reserve zum Beheben von Missgeschicken).

WEISSE GANACHE

1,3 kg weiße Schokolade, fein gehackt
450 ml Sahne

DUNKLE GANACHE

1,2 kg dunkle Schokolade, fein gehackt
600 ml Sahne

Die weißen oder dunklen Schokoladestückchen in eine große Schüssel geben. Die Sahne in einen Topf geben und zum Kochen bringen. Die Sahne über die Schokolade gießen und mit dem Schneebesen mischen, bis die Ganache weich ist. (Kein elektrisches Rührgerät verwenden, da es zu viele Luftblasen in der Ganache erzeugt). Vollständig abkühlen lassen, dann über Nacht ruhen lassen.

ZUBEREITUNG IN DER MIKROWELLE

Schokolade und Sahne in eine mikrowellengeeignete Schüssel geben. Auf hoher Einstellung 1–2 Minuten erhitzen, dann herausnehmen und umrühren. Weiter abwechselnd erhitzen und umrühren, bis die Ganache glatt ist. Die Schüssel aus der Mikrowelle nehmen, mit Plastikfolie abdecken und 5 Minuten ruhen lassen. Die Schüssel etwas schütteln, damit die ganze Schokolade auf den Boden sinkt. Mit dem Schneebesen mischen, bis die Masse glatt ist. Vollkommen abkühlen lassen, dann über Nacht ruhen lassen.

GANACHE TIPPS

- Auf allen Kuchen verwenden wir entweder weiße oder dunkle Schokoladen-Ganache unter der Fondant-Glasur. Wir nehmen weiße Ganache bei Kuchen mit Vanille und Zitronenaroma; allerdings ist zu beachten, dass bei heißer Witterung weiße Ganache weniger fest wird als dunkle Ganache.
- Vermeiden Sie den Gebrauch dunkler Schokolade mit einem Kakaogehalt von mehr als 63 Prozent, da diese beim Erhitzen schneller anbrennt. Sie könnte auch zu bitter sein im Gegensatz zur süßen Fondant-Glasur, und sie wird sehr hart, da sie nur wenig Kakaobutter enthält.
- Wir verwenden reine Sahne, keine angedickte oder Crème Double. Sahne mit einem niedrigeren Fettgehalt (aber nicht fettarm) eignet sich am besten, da sie beim Mixen nicht eindickt.
- In einem luftdichten Behälter hält sich die Ganache im Kühlschrank bis zu eine Woche lang. Ganache lässt sich auch gut einfrie-

ren. Wenn Sie eine große Portion auf einmal herstellen, teilen Sie die Portion auf mehrere kleine Behälter auf.

- Ganache vor dem Gebrauch immer auf Raumtemperatur bringen.
- Wenn Ihre Ganache gewärmt werden muss, um weicher zu werden, geben Sie die benötigte Menge in einen mikrowellengeeigneten Teller und erhitzen Sie sie in 10-Sekunden-Intervallen bei mittlerer Einstellung (50 %). Rühren Sie zwischen jedem Intervall um, bis die Ganache die gewünschte Konsistenz hat.

Fondant

Bei Planet Cake stellen wir keine eigene Fondantmasse her, da wir die handelsüblichen Fondants als praktischer und zuverlässiger im Gebrauch empfinden. Für diejenigen unter Ihnen, die sich ein Rezept wünschen, hat uns unser Freund Greg Cleary, ein großer Tortendekorateur, seines überlassen.

Zubereitung: 15 Minuten
Kochzeit: 5 Minuten
Ergibt ca. 1,25 kg, was eine ausreichende Menge für alle Kuchen in diesem Buch ergibt (und etwas Reserve zum Beheben von Missgeschicken).

15 g Gelatine in Pulverform
125 ml Flüssigglucose
25 ml (5 Teelöffel) Glyzerin
1 kg Puderzucker
2 Tropfen Aromaextrakt (optional)

1. Die Gelatine auf 60 ml Wasser in einer kleinen, hitzebeständigen Schüssel verstreuen. 3 Minuten lang bzw. bis die Gelatine schwammig wird, stehen lassen.

2. Die Schüssel über einen Topf mit köchelndem Wasser (Wasserbad) setzen und rühren, bis sich die Gelatine auflöst. Glucose und Glyzerin hinzugeben und rühren, bis alles geschmolzen ist. Falls die Mischung klumpig ist, durch ein Haarsieb geben.

3. Den Puderzucker in eine große Schüssel sieben. In die Mitte eine Mulde drücken und die warme Gelatinemischung hineinschütten. Mit einem Holzlöffel zusammenrühren, bis die Mischung zum Rühren zu schwer wird. Die Mischung auf eine Arbeitsoberfläche geben; sofern erwünscht Aromaextrakt hinzufügen und mit trockenen Händen 3–5 Minuten lang bzw. bis sich ein glatter Teig bildet, kneten.

4. In Plastikfolie einwickeln oder in einen Plastikbeutel mit Zip-Verschluss geben. In einem luftdichten Behälter an einem kühlen Ort (nicht im Kühlschrank), aufbewahren.

5. Vor Gebrauch nochmals kneten und dabei bei Bedarf noch etwas gesiebten Puderzucker hinzufügen.

NÜTZLICHE TIPPS FÜR DEN FONDANT

- Fondant kann sehr schnell austrocknen. Es ist daher wichtig, schnell zu arbeiten, damit der Fondant keine Risse bekommt oder zu hart für die Verarbeitung wird.
- Verwenden Sie niemals Fondant, der zu trocken ist, da die Glasur auf Ihrem Kuchen sonst sehr leicht Risse bekommt.
- NIEMALS Fondant, der sich auf dem Kuchen befindet, einfrieren. Im Kühlschrank schwitzt Fondant. Sobald der Kuchen überzogen ist, sollte er an einem kühlen Ort (ca. 20 °C) aufbewahrt werden.
- Niemals Kuchen mit Fondant überziehen die gerade aus dem Kühlschrank kommen. Für ein professionelles Aussehen gekühlte

Kuchen stets zunächst auf Raumtemperatur bringen, bevor sie überzogen werden.

- Sobald der Fondant nicht in Gebrauch ist (und sei es nur 1 Minute), den Fondant in einen Plastikbeutel mit Zip-Verschluss geben, damit der Fondant nicht austrocknet. Auch Reste sollten derart aufbewahrt werden. Für die Aufbewahrung vorgefertigten Fondants befolgen Sie bitte die Anleitungen des jeweiligen Herstellers. Wir bewahren unsere Fondants bei Raumtemperatur auf.
- Warme Hände können den Fondant klebrig machen. Widerstehen Sie der Versuchung, zu viel Maismehl (Maisstärke) zu verwenden, da es den Fondant austrocknet. Kühlen Sie Ihre Hände unter kaltem Wasser und verstreuen Sie das Maismehl nur leicht.
- Die Witterung hat Einfluss auf den Fondant. Feuchtigkeit macht ihn klebrig, bei großer Kälte wird er steinhart.
- Bearbeiten Sie immer nur kleine Mengen und versuchen Sie immer, den Fondant von oben zu kneten. Wenn Sie eher von kleiner Statur sind, stellen Sie sich z.B. auf einen Tritt, damit Sie Ihr Körpergewicht beim Kneten einsetzen können. Wenn Sie große Mengen Fondant zugleich kneten, überbelasten Sie Ihre Handgelenke und die Arbeit wird sehr schwer.
- Fondant knetet sich anders als Teig: durch zu intensives Kneten wird Fondant klebrig und unbrauchbar. Er sollte eher behandelt werden wie Modelliermasse, d.h. hin und her gefaltet werden, bis er glatt und warm genug zum Gebrauch ist, ohne an der Arbeitsoberfläche zu kleben.
- Zur Herstellung der Figuren 1 Teelöffel Tylosepulver unter 450 g Fondant kneten, bis das Pulver gründlich untergemischt ist.

Sirup

Zubereitung: 5 Minuten
Kochzeit: keine
Ergibt ca. 160 ml

115 g Aprikosenkonfitüre
2 Teelöffel Orangenlikör (optional)

1. Die Konfitüre mit 100 ml kochendem Wasser glatt schlagen.
2. Durch ein Haarsieb geben, um alle Klumpen zu entfernen. Sofern verwendet, den Likör einrühren.

Italienische Buttercreme

Diese Buttercreme am besten sofort verwenden. Sie sollte von glatter Konsistenz sein und dabei dick genug, um beim Spritzer die Form zu halten. Prüfen Sie die Konsistenz, indem Sie mit dem Finger über den Guss fahren er sollte die Form halten ohne steif zu sein.

Zubereitung: 20 Minuten
Kochzeit: 15 Minuten
Ergibt ca. 1 kg, genug, um jeden Kuchen in diesem Buch zu überziehen (und etwas Reserve zum Ausbessern von Missgeschicken).

250 g extrafeiner Zucker
6 zimmerwarme Eiweiß
375 g Butter, gerade eben weich und in walnussgroße Stücke gehackt
1 1/2 Teelöffel Vanilleextrakt

1. Zucker in einen Topf geben und bei niedriger Hitze auf den Herd stellen. 63 ml warmes Wasser hinzufügen und umrühren, bis sich der Zucker gelöst hat. Auf mittlere Temperatur erhöhen und aufkochen las-

sen. 8–10 Minuten bzw. bis der Sirup leicht eindickt ohne sich zu verfärben, ohne umzurühren kochen lassen – auf dem Zuckerthermometer sollten 110 °C erreicht sein. Vom Herd ziehen und kurz stehen lassen, bis die Masse aufhört zu blubbern.

2. In der Zwischenzeit die Eiweiß in einer großen Schüssel mit dem elektrischen Rührgerät steif schlagen. Nach und nach den heißen Zuckersirup hinzufügen und dabei auf höchster Stufe schlagen, bis alles vermischt ist. Weitere 8–10 Minuten bzw. bis die Mischung auf Raumtemperatur abgekühlt ist, schlagen.

3. Nach und nach jeweils ein Stückchen Butter einrühren, bis alles vermischt ist – der Guss sollte leicht und luftig sein. Vanille nach Geschmack einrühren.

Tipp: Achten Sie darauf, dass die Ei-Zuckermischung auf Raumtemperatur abgekühlt ist, bevor Sie die Butter hinzufügen. Wenn die Mischung zu warm ist, schmilzt die Butter, sodass sich der Guss trennt.

Vanille-Buttercreme

Diese Buttercreme am besten sofort verwenden. Sie sollte von glatter Konsistenz sein und dabei dick genug, um beim Spritzen die Form zu halten. Prüfen Sie die Konsistenz, indem Sie mit dem Finger über den Guss fahren: er sollte die Form halten ohne steif zu sein. Zum eventuellen Korrigieren der Konsistenz etwas mehr Milch bzw. Puderzucker einrühren.

Zubereitung: 10 Minuten
Kochzeit: keine
Ergibt ca. 1 kg, genug, um jeden Kuchen in diesem Buch zu überziehen (und etwas Reserve zum Ausbessern von Missgeschicken).

375 g Butter, gerade eben weich
840 g Puderzucker, gesiebt
80 ml Milch
3 Teelöffel Vanilleextrakt

Die Butter 5–6 Minuten lang bzw. bis sie weiß wird, mit dem elektrischen Rührgerät in einer Schüssel schlagen. Nach und nach den Puderzucker dazugeben, bis eine glatte und cremige Masse entsteht; bei Bedarf die Seiten der Schüssel auskratzen. Milch und Vanille hinzufügen und schlagen, bis alles gut vermengt ist.

Royal Icing

Es kann schwierig sein, die richtige Konsistenz des Royal Icing zu erreichen. Um es mit Spritzbeutel und Tülle zu spritzen, wird eine Royal Icing mit weicher Spitze benötigt – wenn sie mit einem Spatel aus der Schüssel gehoben wird, muss die Spitze stehen bleiben, so wie ein ungebackenes Baiser.

Zubereitung: 10 Minuten
Kochzeit: keine
Ergibt ca. 270 g

250–300 g Puderzucker, gesiebt
1 Eiweiß
2–4 Tropfen Zitronensaft oder weißer Essig

1. 250 g Puderzucker zusammen mit dem Eiweiß und dem Zitronensaft oder Essig in eine Schüssel geben. Mit dem elektrischen Rührgerät auf mittlerer Einstellung 5 Minuten lang verrühren. Wenn die Mischung zu weich wird, etwas mehr gesiebten Puderzucker einrühren.

2. Im luftdichten Behälter an einem kühlen Ort lagern (nicht im Kühlschrank). Royal Icing hält bis zu vier Tage lang.

ICING TECHNIKEN

FONDANT FÄRBEN
1 DIE FARBE ABMESSEN
Den Fondant zu einem geschmeidigen Teig kneten. Eine kleine Menge Lebensmittelfarbe abmessen (1).

2 FARBE HINZUFÜGEN
Die Farbe auf den Fondant streichen (2), dann kneten, bis die Farbe gleichmäßig verteilt ist.

Tragen Sie dabei Handschuhe, damit die Hände keine Farbflecke bekommen.

3 + 4 FARBE PRÜFEN
Fondant durchschneiden um zu prüfen, ob die Farbe gleichmäßig verteilt ist (3). Wenn die Masse noch marmoriert ist, weiter kneten und prüfen, bis die Masse gleichmäßig durchgefärbt ist (4).

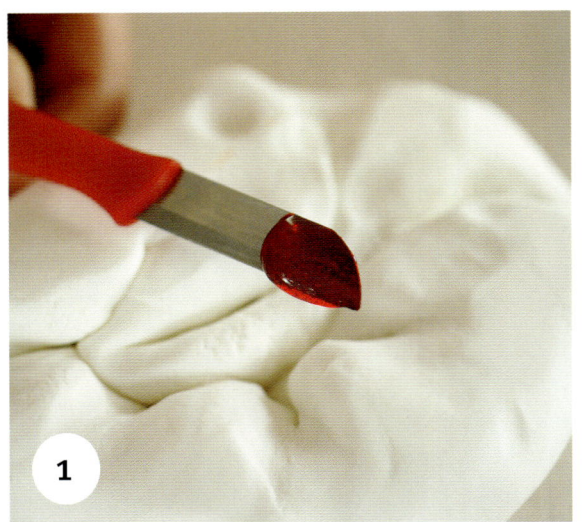

TIEFE ODER INTENSIVE FARBEN

Wenn Ihre Farben sehr intensiv sein sollen und Sie Farben wie Schwarz, Braun, Rot, Orange, Violett oder Königsblau herstellen möchten, sollten Sie Pastenfarbe anstelle von flüssiger Lebensmittelfarbe verwenden. Zur Herstellung solcher Farbtöne wird wesentlich mehr Farbe benötigt, sodass eine solche Menge an flüssiger Lebensmittelfarbe den Fondant für die Verarbeitung zu klebrig machen würde.

Sogar bei der Verwendung von Paste sollte der Fondant einen Tag im Voraus gefärbt werden, da er aufgrund des hohen Gehalts an Farbpigmenten und des benötigten Knetaufwands außergewöhnlich weich sein wird. Wenn die gefärbte Fondantmasse also über Nacht ruhen kann, ist sie leichter zu verarbeiten.

AUSBLEICHEN DER FARBE

Der gefärbte Fondant muss vor dem Ausbleichen geschützt werden. Rosa, violette und blaue Farbtöne bleichen besonders leicht, oft schon innerhalb weniger Stunden, aus. Rosa und Grauviolett werden fast weiß, wenn sie dem Sonnenlicht ausgesetzt sind; Violett-Töne verfärben sich zu Blau-Tönen; Blau-Töne zu Grau-Tönen.

Figuren sollten also mit einem Tuch abgedeckt oder in einem Kuchenbehälter vor Licht geschützt aufbewahrt werden.

FÄRBEN DER FONDANT-FIGUREN

Beim Färben von Fondant, der für Figuren verwendet werden soll, ist unbedingt darauf zu achten, dass nur ein „Tupfen" Farbe hinzugefügt wird, da hier nur sehr kleine Mengen gefärbt werden. Es empfiehlt sich die Verwendung eines Zahnstochers, um jeweils einen Tupfen Farbe hinzuzufügen.

Durch Mischen können raffinierte Farbtöne hergestellt werden. Wir empfehlen zur Anleitung ein Farbrad.

ESSBARER GLITZER

Ungiftiger, essbarer Glitzer ist im Fachhandel erhältlich und einfach in der Anwendung. Den Bereich, der mit Glitzer versehen werden soll, mit einem Pinsel, der in Wasser, Spritzgel oder Zuckersirup getaucht wurde, bestreichen. Den nun feuchten Bereich mit essbarem Glitzer bestäuben und trocknen lassen. Überschüssigen Glitzer mit einem absolut trockenen, weichen Pinsel entfernen.

MIT GEL ÜBERZIEHEN

Durchsichtiges Spritzgel verleiht Oberflächen seidenen Glanz. Es kann flächig auf gefärbtem Fondant oder auf bestimmten Gesichtszügen wie Augen oder Nasen angewandt werden um sie glänzend und „lebendig" erscheinen zu lassen. Spritzgel ist im Fachhandel erhältlich.

Dem Spritzgel kann Pastenfarbe zugesetzt werden, um der Farbe Tiefe zu verleihen. Wir streichen es normalerweise einfach mit einem Backpinsel oder Malpinsel auf.

Wenn Sie einen dicken, gleichmäßigen Überzug wünschen, drücken Sie das Spritzgel durch eine kleine Spritztülle auf die Oberfläche, die dann je nach Wunsch mit dem Palettenmesser geglättet werden kann.

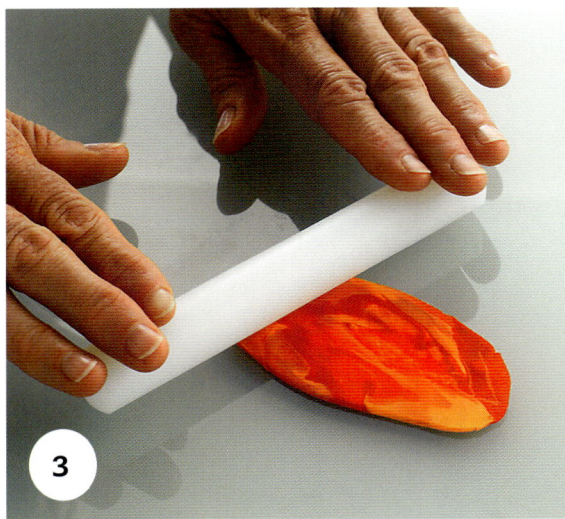

MARMORIEREN
Ein leicht herzustellender Effekt.

1. Zwei-Farben-Effekt
Beginnen Sie mit zwei kleinen Portionen Fondant in verschiedenen Farben Ihrer Wahl. Jede Portion zu einem Seil rollen, dann die beiden Seile miteinander verzwirbeln (1).

2. Zu einer Kugel rollen
Das zweifarbige Seil in der Handinnenfläche zu einer Kugel rollen (2). Nicht zu lange rollen, da sich sonst die Farben zu einem einzigen Farbton vereinigen.

3. Ausrollen
Die Kugel leicht abflachen (3). Die Arbeitsoberfläche mit Maismehl bestäuben und den Fondant auf die gewünschte Dicke ausrollen.

4. Formen ausstechen
Formen aus dem Fondant ausstechen (4) und nach Wunsch verwenden.

DIE PRÄSENTIERPLATTE MIT FONDANT ÜBERZIEHEN

Es gibt zwei Methoden, eine Präsentierplatte zu überziehen: entweder wird die ganze Platte oder nur der Teil, der um den Kuchen herum sichtbar ist, überzogen. Es besteht keine Notwendigkeit, die Platte zu überziehen – viele Dekorateure verzichten darauf.

Ich überziehe meine Platten, weil ich das saubere Erscheinungsbild liebe und andererseits die silberne oder goldene Oberfläche der handelsüblichen Kuchenplatten nicht besonders mag, denn sie können die Wirkung des Kuchens beeinträchtigen.

Die gesamte Präsentierplatte wird wie folgt überzogen. Bei Verwendung dieser Methode ist es wichtig, dass der Kuchen sich auf dem Arbeitsbrett befindet. Für runde und viereckige Kuchen können gekaufte Bretter als Arbeitsbretter verwendet werden.

1. Fondant ausrollen

Den Fondant auf 3 mm Dicke und mindestens in der Größe der Platte ausrollen. Fondant auf die Platte legen (1). Wenn der Fondant zu klein ist, direkt auf der Platte weiter rollen, bis die gesamte Oberfläche bedeckt ist.

2. Fondant ankleben

Einen Backpinsel in Wasser tauchen. Den Fondant halb hochheben, die Platte mit Wasser einpinseln und den Fondant auflegen (2); Vorgang in der anderen Hälfte wiederholen.

3. Fondant versäubern

Mit dem Flexi-Schaber oder dem Fondantglätter über die Oberfläche fahren, bis sie ordentlich aussieht. Mit der Schere den größten Teil der Überstände abschneiden. Die glasierte Platte auf einen Drehteller oder etwas über die Tischkante ragen lassen. Den Fondant-

glätter im 45°-Winkel halten und entlang der Kante gleiten lassen, um die Überhänge so zu beschneiden, dass sich ein schöner, abgeschrägter Rand ergibt (3). Fondant auf der Platte trocknen lassen, dann den Kuchen mit einem Tupfen Royal Icing (s. S. 177) festkleben, damit er nicht von der Platte rutschen kann.

FONDANT MIT DER NUDELMASCHINE AUSROLLEN

1. Fondant mit einem Rollstab ausrollen

Fondant kneten, dann mit einem kleinen Rollstab ausrollen (1). Finden Sie heraus, welcher Aufsatz an Ihrer Nudelmaschine Nudelteig bzw. Fondant auf 3 mm Dicke ausrollt – diese Dicke wird für die meisten Kuchen benötigt. Fondant durch die Nudelmaschine geben Das Stück Fondant auf die gleiche Weise wie ein Stück Nudelteig solange durch die Nudelmaschine laufen lassen, bis er 3 mm Dicke erreicht hat (2).

FONDANT FESTKLEBEN

Immer einen Tupfen Wasser oder Spritzgel verwenden, um ein Stück Fondant an ein anderes zu kleben, sogar wenn ein rohes Spaghettistück, ein Spieß oder ein Stück Draht zur Unterstützung verwendet wird. Da Fondant aus Zucker besteht, klebt er ohne weiteres allein mit Wasser an sich selbst.

Wo Fondant angeklebt werden soll, zuvor eine dünne Wasserlinie aufstreichen oder einen Tupfen Wasser an der Stelle aufbringen, wo der Fondant angeklebt werden soll. Nicht zuviel verwenden – wenn zu wenig Wasser oder Gel aufgetragen wurde, kann etwas hinzugefügt werden; wurde jedoch zu viel aufgetragen, entsteht schnell unbrauchbarer Matsch.

Das Fondantstück einige Minuten in Position halten um zu sehen, ob es antrocknet Besonders kleine Stücke oder „Körperteile" können evtl. mit Hilfe eines kleinen spitzen Gegenstands gehalten und aneinander gedrückt werden. Auch ein Tupfen Royal Icing (s. S. 177) kann verwendet werden. Es sollte jedoch dieselbe Farbe wie der Grundfondant haben, und es sollte sparsam verwendet werden.

EINE FONDANTROLLE HERSTELLEN

1. Fondant mit den Händen rollen

Den Fondant mit den Händen in die Grundform eines Seils rollen (1).

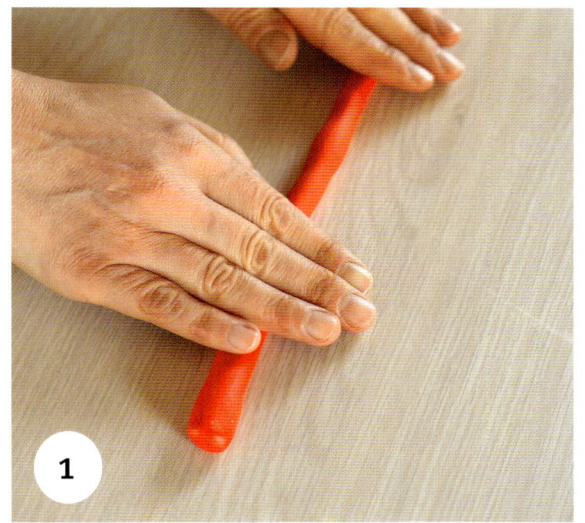

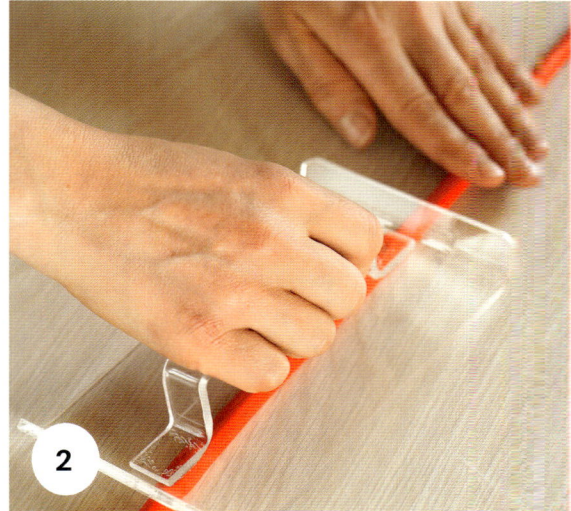

2. Das Seil mit dem Glätter ebenmäßig rollen

Das Seil mit dem Fondantglätter vor- und zurückrollen und das Seil leicht zu den Seiten herausziehen, um es zu verlängern (2). Wenn es verrutscht, eine dünne Wasserlinie direkt parallel zum Seil ziehen, dann den Fondant mit dem Fondantglätter über das Wasser ziehen. Dadurch wird der Fondant etwas klebriger, sodass er besser „einzufangen" und zu rollen ist. Das Fondantseil weiter rollen und dehnen, bis es die gewünschte Länge und Breite hat.

EINE VORLAGE AUF EINEN KUCHEN ÜBERTRAGEN

1. Auf Backpapier pausen

Mit einem Bleistift (2B) das Bild oder den Schriftzug auf Pergamentpapier pausen. Das Papier umdrehen und die Rückseite desselben Objekts durchpausen (1).

2. Auf den Kuchen übertragen

Das Muster mit der richtigen Seite nach oben auf den Kuchen legen. Das Pergamentpapier leicht schraffieren, um das Objekt auf den Kuchen zu pausen (2).

PROBLEMLÖSUNGEN

Im Allgemeinen ist die Arbeit mit Fondant recht einfach, aber hin und wieder passieren doch kleine Missgeschicke. Die meisten dieser kleinen Probleme lassen sich jedoch lösen. Die auf den nächsten Seiten beschriebenen Techniken beziehen sich auf die häufigsten Probleme.

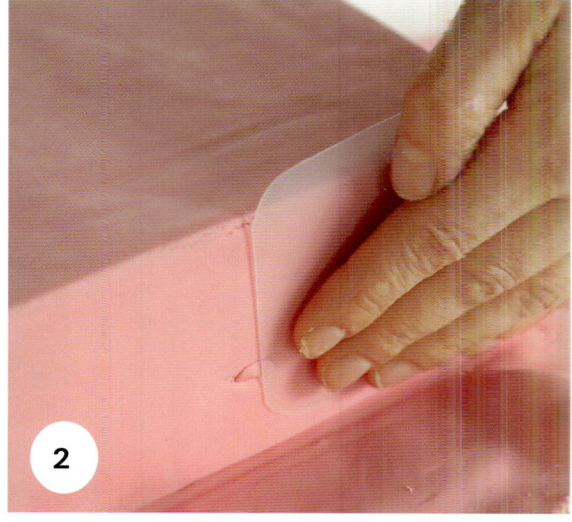

Risse im Fondant flicken

LÜCKEN FÜLLEN

Risse entstehen in der Regel durch zu heftiges Glätten und Ziehen, während der Fondant aufgebracht wird (1).

RISSE GLÄTTEN

Während der Fondant noch weich ist, mit den Händen und einem Flexi-Schaber den Riss und das Umfeld massieren, bis der Riss geschlossen und so gut wie unsichtbar ist (2).

Ist noch immer ein Loch sichtbar, warten, bis der Fondant getrocknet ist (am nächsten Tag). Eine kleine Kugel aus frischem Fondant in der Farbe des Fondants rollen, dann den frischen Fondant wie Kitt in den Riss einarbeiten. Fondant mit dem Flexi-Schaber glätten und trocknen lassen.

Gebrochener Fondant

Brüche entstehen meistens, wenn der Fondant zu trocken ist.

Ein sehr großer Bruch kann nicht repariert werden. Mit Teilen der Dekoration wie z.B. Zuckerblumen kann er jedoch soweit verdeckt werden, dass ihn niemand bemerken wird!

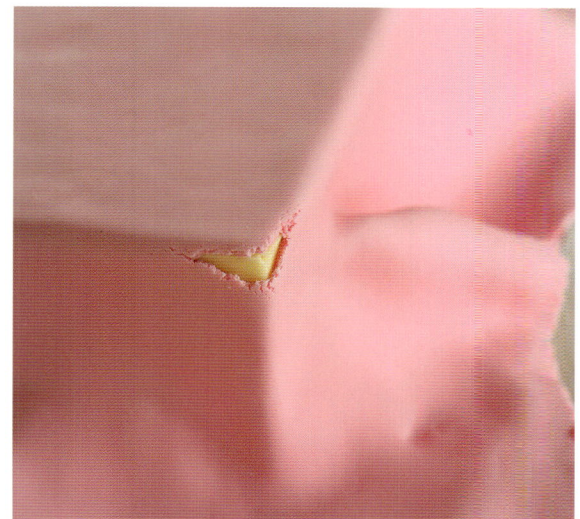

Gebrochenen Fondant flicken

Solange der Fondant noch weich ist, mit sehr warmen Händen den Fondant nach innen um den Bruch herum massieren, um den Bruch zu schließen und fast unsichtbar zu machen.

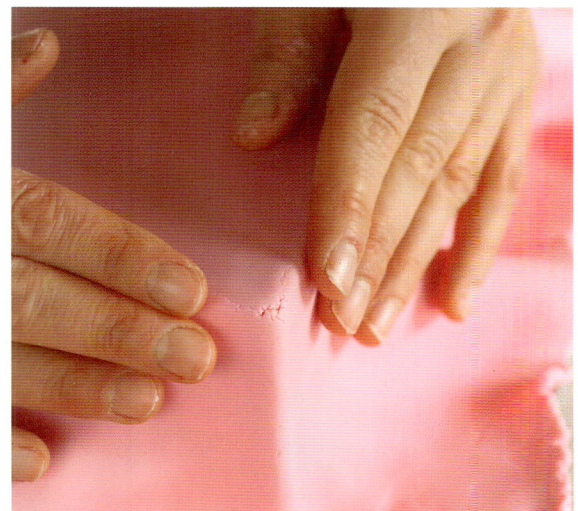

Luftblasen

Soweit möglich versuchen, Luftblasen unter dem Fondant zu beseitigen, da sie sich vergrößern und die Glasur anheben können. Ertasten Sie die Blasen und stechen Sie vorsichtig mit einer Nähnadel hinein, um die Luft entweichen zu lassen. Die Stelle mit dem Flexi-Schaber glätten.

Flecken auf der Glasur entfernen

MAISMEHL FLECKEN

1. Anwendung von Alkohol

Mit dem Malpinsel Alkohol auf den Fleck aufbringen (1). Der Alkohol saugt das Maismehl auf.

2. Trocken tupfen

Den Fleck mit einem weichen Tuch trocken tupfen (2).

SCHOKOLADENFLECKEN

1. Mit Seifenwasser abwaschen

Mit einem weichen Malerpinsel den Flecken leicht mit einer kleinen Menge warmen Seifenwassers abwaschen.

2. Mit Maismehl bestäuben

Pinsel ausspülen und die Seife mit klarem Wasser abwaschen. Den Bereich mit einem Küchentuch leicht trocknen (1), dann mit Hilfe eines weichen Pinsels leicht mit Maismehl bestäuben (2).

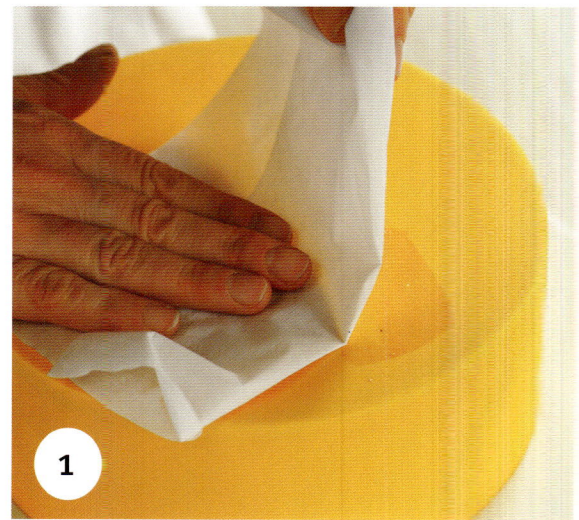

Feuchtigkeit

Feuchtigkeit bewirkt häufig, dass Fondant weich und klebrig wird. Zur Lösung des Problems gesiebten Puderzucker in kleinen Portionen unter den Fondant mischen und die Masse durchkneten.

Fondant zu trocken

Wenn der Fondant zu trocken ist und bricht, mit einem Pinsel etwas Wasser auftragen und durchkneten.

Eine andere Möglichkeit besteht darin, den Fondant mit etwas Glyzerin (s. Glossar, S. 171) zu bestreichen und dann durchzukneten.

Fondant zu nass

Nasser Fondant ist in der Regel die Folge von zu viel Farbpigment. Aus diesem Grund wird schwarzer, roter und brauner Fondant oft „nass" und schwierig in der Anwendung.

Um dieses Problem zu lösen, etwas gesiebten Puderzucker in kleinen Portionen in den Fondant kneten, bis der Fondant weniger klebrig, aber immer noch geschmeidig ist.

REGISTER

Die Originalausgabe erschien 2012 bei Murdoch Books Pty Limited.

Murdoch Books Australia
Pier 8/9, 23 Hickson Road
Millers Point NSW 2000
Phone : +61 (0) 2 8220 2000
Fax : +61 (0) 2 8220 2558
www.murdochbooks.com.au

Murdoch Books UK Limited
Erico House, 6th Floor
93-99 Upper Richmond Road
Putney, London SW15 2TG
Phone: +44 (0) 20 8785 5995
Fax: +44 (0) 8785 5985
www.murdochbooks.co.uk

Herausgeberin: Sally Webb
Projektmanagement: Alice Grundy
Redaktion: Katri Hiden
Layout: Tania Gomes
Fotografien: Natasha Milne
Stylistin: Sarah O'Brien
Food Editior: Cathie Lonnie
Produktion: Karen Small

Übersetzung aus dem Englischen: Gesine Osthold, Schwalmtal;
Satz der deutschsprachigen Ausgabe: Achim Münster, Köln

ISBN 978-3-7716-4528-1

www.fackeltraeger-verlag.de

WICHTIGER HINWEIS: Personen, für die eine Salmollenvergiftung eine besondere Gefahr
darstellt (ältere Menschen, Schwangere, kleine Kinder und Menschen mit Immuninsuffizienz)
sollten mit ihrem Arzt über eventuelle Risiken durch den Verzehr roher Eier sprechen.

Backofen Guide: Sie werden feststellen, dass die Backzeiten je nach Art des verwendeten
Backofens variieren können. Als allgemeine Regel gilt für Umluft-Backöfen, dass die
Temperatur ca. 20 °C weniger als im Rezept angegeben betragen sollte. Bei der Angabe
von Mengen in Esslöffeln haben wir Esslöffel zu 20 ml (4 Teelöffel) verwendet. Sofern Sie
Esslöffel mit 15 ml Fassungsvermögen verwenden (3 Teelöffel), fügen Sie jeweils einen
Extra-Teelöffel pro angegebenen Esslöffel hinzu.